32년 차 현직 교사의
문해력과 창의력 키우는 글쓰기 비법

10분 완성 초등 글쓰기

시대인

Prologue

아이들의 삶을 글에 담다

　문해력과 더불어 글쓰기 열풍이 불고 있습니다. 영어 완전 정복만큼 부담을 주는 것이 바로 글쓰기입니다. 예전보다 많이 보고, 많이 듣고, 많이 말하는 우리 아이들의 문해력이 갈수록 떨어지고 있다고 합니다. '우리 아이들이 어떻게 하면 글을 잘 이해할 수 있을까?' 하는 고민과 함께, 이 글을 씁니다.

　교사가 된다는 것은 한 아이와 그 아이의 과거, 현재, 미래까지 한 사람의 일생을 마주하는 일이라고 생각합니다. 교사는 매해 밀물과 썰물처럼 아이들의 일생을 받았다가 내어줍니다. 어떤 때는 파도처럼 쉽게 부서지는 아이들의 마음을 만납니다. 때론 그 파도에 같이 휩쓸려 부서지기도 하고, 파도가 떠난 갯벌 아래 뜨거운 태양을 온몸으로 맞아야 할 때도 있습니다. 그렇게 어마어마한 일을 끝내고 아이들을 보내고 나면, 그 아이들이 그립습니다. 한없이 밀려왔다 가는 파도인데도 여전히 그 아이들을 그리워합니다.

　아이들에게 의미 있는 바닷가 갯벌이 되고 싶어서 책 읽기, 글쓰기를 시작했습니다. 파도처럼 매일 매일 밀려오는 아이들의 마음을 글에 담는 일을 일 년 동안 했더니, 아이들의 마음을 더 잘 알게 되었습니다. 초롱초롱한 눈빛으로 자신의 미래를 꿈꾸며, 다른 사람과 비교하지 않고 자신의 길을 찾아가는 아이들로 변했습니다.

벤자민 프랭클린은 "죽음과 동시에 잊히고 싶지 않다면 읽을 가치가 있는 글을 쓰거나, 아니면 쓸 가치가 있는 삶을 살아라."라고 말했습니다. 저는 아이들이 날마다 읽을 가치가 있는 삶을 산다고 생각합니다. 그 삶을 글로 남기고 싶었습니다. 글을 쓰면서 아이들은 자신의 삶을 의미 있게 보내고 싶고, 또 더 가치 있게 살고 싶어 한다는 것을 알게 되었습니다.

저는 전작 『초등 하루 10분 독서 독립』에 이어 아이들과 하루 10분 글쓰기에 도전했습니다. 독서 독립을 한 아이들은 글쓰기 독립도 할 줄 알아야 합니다. 매일 10분, 일주일에 5번씩 글을 쓰면서 아이들의 내면이 변하고, 자기 주도적인 아이들로 변화되었습니다. 여기에서 말하는 글쓰기 독립은 아이들이 다른 사람의 도움을 받지 않고 스스로 글을 쓸 수 있는 능력을 갖추는 것을 말합니다.

'평생 공부하고 글을 써야 하는 시대를 살아가는 우리 아이들이 어떻게 하면 일상 생활에서 행복하게 글을 쓸 수 있을까?' 고민해보았습니다. 초등학교 현장에서 30년 넘게 아이들을 가르치면서, 글쓰기를 넉넉하게 즐겁게 하는 아이들은 공부도 행복하게 하는 모습을 보았습니다. 책도 스스로 읽는 습관을 기르면 행복한 학습자가 되듯이, 글쓰기도 행복한 경험을 길러주는 게 중요하다고 생각합니다.

일반적으로 아이들이 생각하는 글쓰기는 매우 지루하고 힘든 작업입니다. 게다가 요즘 아이들은 감성이 메말랐다고 합니다. 그러나 우리 아이들의 주변을 조금만 둘러보면 감성 충만한 일들이 가득합니다. 아이들이 그것을 볼 수 있는 마음의 여유와 격려가 필요한 것입니다. 아이들에게 책이 삶이 되고, 삶이 글이 된다면 글쓰기는 세상에서 가장 행복한 일이 될 것입니다.

이 책에 저와 아이들이 일 년 동안 삶을 글로 쓰면서 성장한 이야기를 담았습니다. 여기서 말하는 글쓰기는 소설, 시, 수필 같은 문학적 글쓰기가 아닌 초등학교 아이들이 일상생활에서 쉽게 다가갈 수 있는 실용적 글쓰기에 대한 것입니다.

이 세상에 글을 잘 쓰는 방법에 관한 책은 많습니다. 몇 가지 패턴만 익히면 글쓰기를 능숙하게 잘할 수 있다고 유혹하는 책들도 많습니다. 하지만 우리 아이들에게 정말 필요한 것은 1분이라도 글을 쓰도록 실천하게 하는 것입니다. 이 책을 읽으면 우리 아이들도 넉넉히 글을 쓸 수 있고, 아이 스스로 잘 쓸 수 있다는 자신감을 느끼게 될 것입니다.

교실에서 한 해 동안 아이들과 매일 하루 10분 글쓰기를 했더니 모두가 깜짝 놀랄 정도의 작가가 되어 있었습니다. 그 짧은 시간이 아이들을 생각하고 글을 쓰는 아이들로 성장시켜주었습니다. 자연을 사랑하고, 책을 사랑하고 그것을 나만의 이야기로 풀어내었던 시간만큼 아이들은 모두 꿈을 꾸는 아이들이 되었습니다. 책을 가까이하고, 내 생각을 표현하도록 한 걸음 한 걸음 걸으며 성장한 모습은 정말 놀라웠습니다.

아이들과 행복하게 글을 쓴 추억들을 여러분과 나누고 싶습니다. 이 책에서는 사고력과 창의력을 키우는 재미있는 글쓰기 활동 사례를 소개하였습니다. 이 중 하나라도 적용하고 실천한다면 우리 아이들의 미래를 위한 가장 확실한 투자가 될 것이라고 확신합니다.

1장에서는 '아이들과 함께 글을 쓰기 시작한 이유'를 말하고자 합니다. 한 해 동안 글을 쓰는 습관을 기르면서 아이들이 글쓰기의 즐거움을 알게 되었습니다. 또 글쓰기에 관심 없던 친구들이 글을 쓰면서 마음의 힘이 자라 친구들과 관계가 회복되고, 학습에도 놀라운 변화를 보이며 성장한 이야기를 만나보실 수 있습니다.

2장 '글쓰기 교육, 사실 이것만 알아도 됩니다'는 부모님이 아이의 글쓰기 습관을 어떻게 기를 수 있는지에 관한 이야기입니다. 쉽게, 재미있게, 간편하게, 부담 없이 글을 쓰면서 글쓰기를 좋아하는 아이가 되는 방법들을 알게 될 것입니다.

3장 '글쓰기가 쉬워지는 아주 작은 글쓰기'는 글쓰기를 위한 첫 단계로 즐겁게 글 쓰는 습관에 대한 구체적인 방향을 이야기하고자 합니다. 생활 속에서 꾸준히 쓸 수 있는 글쓰기는 공부가 아니라 습관이고 생활이어야 합니다. '아침 칠판 편지', '포스트잇 글쓰기', '1줄 감사 쓰기', '1줄 미덕 칭찬 쓰기', '이심전심 책 문장 베껴 쓰기'의 5가지 방법을 통해 아주 작은 글쓰기를 익히게 될 것입니다.

4장 '일상을 관찰하고 탐구하는 창의 글쓰기'는 아이들의 감각적 표현을 활용한 창의 글쓰기입니다. 우리 아이들 속에 숨겨진 창의성을 찾아서, 어떻게 평범한 생활 속에서 아이들의 감각적 표현을 이끌어 내어 글을 쓸 수 있는지 구체적인 방법을 알아볼 것입니다. 자유롭게 글쓰기를 하면서 창의성을 키우는 다양한 글쓰기 방법을 모색해 보고자 합니다.

5장은 '자기 주도 학습을 돕는 학습 정리 공책 쓰기'입니다. 글쓰기는 학습과 직결됩니다. 우리 아이 공부 실력을 높여주는 글쓰기 단계로, 학교와 가정에서 아이가 스스로 공부하면서 공책을 정리하고 공부 실력을 다지는 방법에 대한 글쓰기를 알아봅니다.

6장은 '삶을 채워주는 일기 쓰기'입니다. 일기는 초등학교에서 중요한 글쓰기 갈래입니다. 우리 아이들은 삶의 주인입니다. 그래서 일기 쓰기는 가장 쉬운 글쓰기입니다. 글 쓰는 습관이 길러지지 않는 친구들이 단계별로 쓸 수 있는 일기 쓰기 방법을 알아보고 실천하는 방법을 배우게 될 것입니다.

이 책은 총 6장으로, 우리 아이가 일상에서 쉽고 재미있게 글을 쓰면서 자연스럽게 글쓰기 습관을 갖게 되는 방법을 이야기하고 있습니다. 각 장이 끝날 때마다 글쓰기 교육 TIP과 글쓰기 처방전이 제시되어 있어서 글을 쓰면서 궁금한 점을 해소하는 방안을 알게 될 것입니다.

부담 없이 행복하게 글쓰기를 하고 싶은 모든 친구에게 좋은 길잡이가 되기를 바랍니다. 이 책을 끝까지 다 읽고 실천한다면 우리 아이가 자신을 잘 표현하고, 삶에 감사하며, 자신을 사랑하는 아이로 성장하게 될 것이라 확신합니다.

여러분을 뜨겁게 응원하는 박은주 선생님이

목차

1장 아이들과 함께 글을 쓰기 시작한 이유

아이들이 감동하는 수업의 비결은 글쓰기	16
아이들의 마음과 생각을 알게 해 주는 글쓰기	19
글쓰기에 주목하는 이유	22
글쓰기는 아이들의 마음을 자라게 합니다	27
은주쌤의 글쓰기 교육 TIP 글쓰기의 마중물이 되는 가정에서의 활동	34

2장 글쓰기 교육, 사실 이것만 알아도 됩니다

글쓰기는 쉬워! 글쓰기는 즐거워!	38
글쓰기는 저절로 잘하게 되는 것이 아닙니다	41
심사위원이 아닌 팬이 되어주세요	45
올바른 글쓰기 교육 태도	49
은주쌤의 글쓰기 교육 TIP 아이가 글쓰기를 싫어한다면 점검해 보세요	52

# 3장 글쓰기가 쉬워지는 아주 작은 글쓰기

글쓰기도 준비운동이 필요합니다	56
준비운동① 하루의 시작부터 가볍게 글쓰기 : 아침 칠판 편지	61
준비운동② 부담스럽지 않게 짧은 글쓰기 : 포스트잇 글쓰기	66
준비운동③ 올바른 인성을 기르는 마법의 글쓰기 : 1줄 감사 쓰기	70
준비운동④ 아이의 자존감을 채워주는 글쓰기 : 1줄 미덕 칭찬 쓰기	74
준비운동⑤ 숨겨진 마음을 표현하는 글쓰기 : 이심전심 책 문장 베껴 쓰기	80
은주쌤의 글쓰기 교육 TIP 맞춤법, 띄어쓰기 지적은 잠시만 참아 주세요	84

# 4장 일상을 관찰하고 탐구하는 창의 글쓰기

이미 창의적인 아이들	88
글쓰기 습관을 만들기 위한 준비	90
아이들의 감각적 표현을 글로 이어주는 일	94
감각적 표현의 밑거름을 만드는 일	96
일상을 관찰하고 탐구하면 글쓰기가 시작됩니다	99
글쓰기를 어려워한다면 체험하고 질문해 봅니다	106
상상력을 키워주는 자연물 작품 글쓰기	111
색깔을 눈감고도 느껴지게 표현해 보기	114
글쓰기에 날개를 달아주는 이미지 글쓰기	116
은주쌤의 글쓰기 교육 TIP 정말 중요해요, 올바르게 연필 잡기	120

5장 자기 주도 학습을 돕는 학습 정리 공책 쓰기

학습 정리 공책을 써야 하는 이유 · 124

학습 정리 공책, 어떻게 쓰나요? · 127

학습 정리 공책, 잘 쓰게 만드는 비법 · 130

은주쌤의 글쓰기 교육 TIP 책·좋·아(我) 독서 기록 카드로 문해력 높이기 · · · 134

6장 삶을 채워주는 일기 쓰기

일기 쓰기에 숨겨진 놀라운 가치 · 138

1문장씩 늘려 나가며 일기 쓰기 · 140

날씨를 다양하게 표현하기 · 145

일기 쓰기, 이렇게 해 보세요 · 147

일기 쓰기를 권할 때는 이렇게 해 보세요 · · · · · · · · · · · · · · · · · · · 149

형식에 따른 다양한 일기 쓰기 방법 · 152

아이의 마음을 더 잘 이해하는 감정 일기 쓰기 · · · · · · · · · · · · · 155

상상력을 발휘하는 주제 일기 쓰기 · 160

은주쌤의 글쓰기 교육 TIP 국어사전은 언제부터 보면 되나요? · · · · · · · 162

1장

아이들과 함께
글을 쓰기 시작한 이유

아이들이 감동하는 수업의 비결은 글쓰기

2021.06.04.금

"선생님, 정말 대단하지 않아요?"
 학부모 공개 수업이 있던 날, 6교시 미술 시간이 끝나고 뒷정리를 하는데 □□이가 말을 건넸다.
"응, 뭐가 대단하다는 거야?"
"아까 국어 시간에 연극 했을 때 말이에요. 우리 반 ○○이가 그렇게 큰 목소리로 발표하는 건 처음 봐요. 그 친구랑 2학년 때부터 같은 반이었는데 지금까지 몇 년 동안 이렇게 크게 말한 건 처음 들어 봐요."
 옆에 있던 아이들도 "맞아, 맞아." 하며 맞장구를 쳤다.

 국어 시간에 책 『불량한 자전거 여행』 중 한 장면을 정해 극본 형식으로 글을 쓴 다음, 직접 역할극을 하는 시간을 가졌다. 모두 진지하게 참여했다. 주인공 호진이 역할을 한 친구는 아빠에게 맞아 누워 있고, 호진이 엄마 아빠 역할을 맡은 친구들은 소리를 지르며 싸웠다. 마치 '막장 드라마'의 한 장면처럼 말이다.
"그리고 오늘 엄마 역할 맡은 △△이 있잖아요. 그 친구도 너무 잘했어요. 처음엔 살짝 목소리가 떨렸는데, 연극할 때는 어쩌면 그렇게 소리를 지를 수 있어요? 정말 오늘 최고 반전이에요."
"4조 친구들이 정말 실제처럼 해서 깜짝 놀랐어요. 언제 그 많은 대사를 다 외운 거예요?"

"아까 호진이 아빠 역할 맡은 친구는 호진이 때리다가 넘어졌잖아요. 완전 아팠겠어요."

 연극을 보며 아이들은 한바탕 배꼽을 잡고 웃었고, 수다는 수업을 마치고도 계속 이어졌다. 그 짧은 시간 동안 느꼈던 감동이 집에 갈 때까지도 사그라지지 않았다. 연극을 통해 평소 조용했던 아이들의 새로운 모습을 보았다. 아이들 표현을 빌려 정말 '최고 반전'이었다. 연극을 하는 아이들도, 지켜보는 아이들도 볼을 발갛게 물들이며 열심히 참여했다. 코앞에서 친구들의 연극을 관람하고 감동한 아이들 얼굴이 햇볕에 반사돼 찰랑대는 물결처럼 반짝거렸다.

 이렇게 아이들이 주인이 되는 수업은 즐겁다. 그리고 교사도 행복하다. 몇몇 아이가 뒷정리하는 나를 돕겠다며 남았다. 수업을 마치고도 학원에 가야 해서 나보다 더 바쁜 아이들이다. 과자보다도 더 귀한 시간을 내어 물감 묻은 개수대를 닦고, 교실을 닦고, 물감 도구를 정리해준다. 마음이 감동하면, 아이들의 행동은 저절로 변화된다. 참으로 오래간만에 함박꽃같이 환한 아이들 웃음소리를 들으니 살 것 같다.

"선생님, 우리 또 해요."
 책 읽고 극본을 만들어 또 연극 발표 수업을 하자는 소리다.
"오호 또 그래 볼까? 다음엔 어떤 책으로 할까?"
 또 아이들이 좋아하는 '온 책 읽기' 활동할 책을 물색해야겠다.^^

 * 온 책 읽기 : 한 학기 한 권의 책을 정해서 반 전체가 같이 읽고 활동하는 것.

 6학년 학부모 공개 수업 날의 학급 일기입니다. 국어 시간, 극본 글쓰기를 하고 연극 발표 수업을 했습니다. 오랜만에 일기를 펼치니 그날의 기억이 생생합니다. 즐거워서 볼이 발그레 상기된 아이들 모습과 벅찬 감정이 고스

란히 전해져 가슴이 뭉클해집니다. 한 아이는 이런 소감을 남겼습니다.

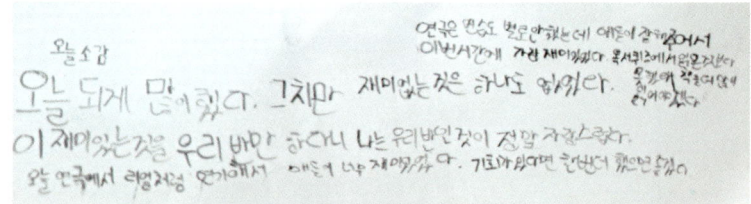

▲ 학부모 공개 수업 날 학생 소감 글쓰기

"오늘 되게 많이 했다. 그렇지만 재미없는 것은 하나도 없었다. 이 재미있는 것을 우리 반만 하다니, 나는 우리 반인 것이 정말 자랑스럽다."

교실에서 이렇게 사랑스러운 말을 듣다니요. 아이들의 소감에 오히려 제가 감동하였습니다.

연극 발표 수업은 '온 책 읽기' 활동 중 하나입니다. 아이들이 직접 쓴 극본으로 몇 차례의 연극을 하면서 국어 수업은 세상에서 가장 재미있는 수업이 되었습니다. 문학이 삶이 되고, 글쓰기가 삶이 되는 수업이었습니다.

초등학교 6학년은 많은 교과목을 배우고, 해야 할 일이 많으므로 아이들과 함께 꾸준히 글을 쓰는 게 처음부터 쉽지만은 않았습니다. 게다가 6학년 아이들은 글쓰기 수준차가 가장 큰 학년이기도 합니다. 그런데 일 년 동안 울고 웃으며, 응원하고 격려하며 글쓰기를 하다 보니 학년을 마칠 때쯤에는 어느새 글쓰기를 좋아하는 아이들이 되어 있었습니다.

아이들의 마음과 생각을 알게 해 주는 글쓰기

 글도 잘 쓰고 공부도 잘하는 한 친구가 어느 날부터인가 안색이 좋지 않았습니다. 무슨 일 때문인지 물어보고 싶었는데, 너무 나서는 것 같아 '곧 괜찮아지겠지'라며 지나갔습니다.

 그러던 어느 날 '빗속의 사람'이라는 주제로 그림을 그리고, 그 장면을 글로 표현하는 시간이었습니다. 그 친구는 이런 글을 썼습니다.

제목: 우울한 하루   이름(고나현)

후둑후둑 강을건너 집으로갈때 오는 소나기, 물과 중을 추는 소나기, 톡토독 물속에 잠수하는 소나기, 내손위 작은우물 소나기 우물, 꽃잎위 이슬떨어질락 말락, 내우산도 소나기에 흠뻑젖었다. 하늘의 눈물이 떨어지니 나도겹겹 우울해진다. 집으로 가는길 오늘따라 우울하다. 그만 하늘아 그만울어 이러다 세상이 눈물바다가 될것같아 계속울면 바다에 모두들 빠진다. 너도 바다에빠진다 솜사탕처럼 녹아내린다.

"우울하다.", "눈물바다가 될 것 같다."라는 표현이 궁금해서 아이에게 왜 그런 감정을 느꼈는지 물었습니다. 그랬더니 '요즘 영어 학원에 다니는데 영어 단어 외우는 게 너무 힘들고 많이 틀려서 속상하다'라고 대답하는 것이었습니다. 어른들은 '단어 하나 못 외우는 게 뭐가 어때서, 다음에 잘하면 되지'라고 생각할 수도 있겠죠. 하지만 아이들은 이렇게 세상이 무너지는 것처럼 우울해하기도 합니다. 다행히 금방 밝은 얼굴을 회복했지만요. 이렇게 글 속에서 아이들의 숨겨진 마음을 만납니다.

또, 글을 통해 아이들의 기발한 상상을 만나기도 합니다.

구름과 하늘이 매일 싸워서 하늘은 항상 검은색이었고, 슬퍼하는 아이를 본 구름과 하늘이 원래대로 돌아왔다는 발상이 마치 우리 현실을 보는 것 같았습니다. 이 아이가 전해준 이야기처럼 우리 사회가 아이들을 위해서 모든 게 평화로워지면 얼마나 좋을까 생각해 봤습니다. 이렇게 글을 통해 우주만큼 거대한 아이들의 마음과 생각을 만납니다. 어른인 저의 생각까지 확장되어 가는 경험을 종종 하곤 합니다.

 아주 작은 일이라도 아이들은 느끼고 표현하며 자신의 언어를 만들어갑니다. 교사와 부모의 언어는 아이의 운명을 결정한다고 합니다. 하지만 그것보다 더 중요한 것은 **아이들이 스스로 찾은 언어로 삶의 길을 만들고, 자기 힘으로 목적지에 도달하는 것입니다.** 이를 도와주는 것이 바로 글쓰기입니다.

글쓰기에 주목하는 이유

하버드 대학교 글쓰기 프로그램을 20년간 이끌어온 낸시 소머스 교수는 글쓰기 비법으로 "짧은 글이라도 매일 써보라."라고 강조했습니다. 하루 10분이라도 글을 써야 비로소 '생각'을 하게 되며, 어릴 때부터 꾸준히 읽기와 쓰기를 해온 학생이 대학에서도 글을 잘 쓴다는 것입니다.

시험만 잘 보는 학생은 '정해진 답'을 찾는 데 급급하지만, 글을 잘 쓰는 학생은 '새로운 문제'를 찾아낼 수 있다고 합니다. 글쓰기가 단순히 학습 효과를 높이는 것을 뛰어넘어 능동적이고 논리적으로 사고하는 힘을 길러준다는 걸 의미합니다.

그녀는 단순히 강의를 듣고 시험을 잘 봐서 졸업하는 것에만 집중한다면 평생 '학생'의 위치를 벗어날 수 없지만, 졸업 후 자기 분야에서 진정한 '프로'가 되려면 글쓰기 능력을 길러야 한다고 말합니다.

실제로 하버드 대학에서는 1977년 이후 사회에 진출한 40대 졸업생 1,600명을 대상으로 '현재 직장에서 가장 중요한 능력은 무엇인가?'를 물었는데, 90%가 '글쓰기'라고 답변했다고 합니다.[1]

우리나라도 2000년대 초반에 소수 몇몇 대학이 선도적으로 대학 글쓰기 교육을 필수 과목으로 지정하였고, 2005년 전후에 전국 대학으로 확산이

---

[1] 박승혁, "매일 10분이라도 글 써야 생각을 하게 돼" 조선일보, 2017년 06월 05일.
https://www.chosun.com/site/data/html_dir/2017/06/05/2017060500092.html

되었다고 합니다. 2016년 이후에는 대학의 글쓰기 교육이 핵심 역량, 그중에서도 의사소통 역량을 강화하는 핵심 교육으로 부각되었습니다. 그리고 점점 더 다양한 역량을 성장시키는 데 글쓰기 교육이 사용되고 있습니다.[2]

이러한 글쓰기 교육의 중요성은 초등학교 교과 과정에서도 나타납니다. 2015 개정 교육 과정이 추구하는 인간상은 '창의 융합형 인재'입니다. 교육 과정에서 설명하는 바에 따르면 '인문학적 상상력과 과학 기술 창조력을 갖추고 바른 인성을 겸비하여 새로운 지식을 창조하고 다양한 지식을 융합하여 새로운 가치를 창출할 수 있는 사람'을 말합니다.

해석하면 서로 다른 분야의 지식을 융합할 수 있는 사고력, 창의력, 논리력 등이 필요하다는 것입니다. 그리고 이를 글쓰기를 통해 표현하고 평가하는 경우가 많아졌습니다.

여기에 더하여 2024년에 반영되는 2022 개정 교육과정에는 갈수록 하락하는 학생들의 기초 문해력과 기초 학력에 대한 사회적 관심이 반영되어 있습니다. 2022 개정 교육과정이 추구하는 인간상은 우리나라 교육이 지향해 온 홍익인간의 이념을 바탕으로 '자기 주도적인 사람', '창의적인 사람', '교양 있는 사람', '더불어 사는 사람'입니다. 또 다른 특징은 미래 변화를 능동적으로 준비할 수 있도록 학생의 자기 주도성, 창의력과 인성을 키워주는 개별 맞춤형 교육을 강화하는 것입니다. 이러한 목표를 바탕으로 기초 문해력을 강화하기 위해 초등 1, 2학년의 국어 교육 시간을 34시간 더 늘리고,

---

[2] 김현정. "국내 주요 대학 글쓰기 교육의 전개 양상과 발전 방향". *교양교육연구* 14권. 5호 (2020): 21.

통합적인 독서 활동을 강조하고 있습니다.

  이처럼 글쓰기는 기초적인 문해력뿐만 아니라 포용성과 창의성을 갖춘 주도적인 사람으로 성장시킬 수 있는 좋은 도구로 사용되고 있음을 알 수 있습니다.

  문제는 학교에 갓 입학한 1학년 아이들만 봐도 문해 능력이 천차만별이라는 점입니다. 공교육의 초등 국어 교육 과정은 모든 아이의 문해력 수준을 같은 선상에 놓고, 1학년부터 6학년까지 성취 기준에 맞춰 언어 기능을 기계적으로 습득하도록 짜여있습니다. 물론 저마다의 차이를 모두 반영한 교육과정이 이상적일 수도 있겠지만, 이러한 시스템 안에서는 학년이 올라갈수록 학습 능력 격차가 점점 벌어질 수밖에 없는 실정입니다.

  문해력은 독해력, 어휘력, 쓰기 능력을 포함하는 개념으로, 국어뿐만 아니라 모든 과목을 학습하는 데 필요한 능력입니다. 그래서 문해력이 좋은 아이는 모든 과목을 잘하게 됩니다. 결국, 공부를 잘하는 아이는 더 잘하고, 못하는 아이는 더 못하게 되는 것입니다.

  초등학교에서는 배움의 결과물이 어떻게 표현될까요? 또, 학교에서 학생의 성장을 가장 많이 평가하는 도구는 무엇일까요? 바로 글쓰기입니다. 학교에서 배우는 학습의 절반 이상은 쓰기로 표현됩니다.

  수시로 이루어지는 수행 평가에서 공책 정리를 잘하거나 글쓰기를 잘하는 아이는 "매우 잘함"을 받을 확률이 높습니다. 하지만 아무리 머릿속에 담긴 지식이 많아도 글로 표현하지 못하면 "매우 잘함"을 주기 어렵습니다.

초등 아이들은 무엇이든 할 수 있다고 생각하는 자신감과 열정, 그리고 꿈이 있습니다. 저 또한 아이들이 생각하는 만큼 노력하면 이루지 못할 일이 없다고 생각합니다. 그런데 초등학교 6년 동안 보여주는 결과물은 저마다 다릅니다. 해마다 느끼는 안타까움은 아이들의 꿈과 잠재력이 현실과 일치하지 못할 때 그 괴리를 마주하는 일입니다.

결론적으로 앞으로의 글쓰기 교육에서 더욱 중요한 것은 평소에 아이가 자기 생각과 느낌을 글로 쓰는 습관을 들이고, 편안하게 글을 쓸 수 있는 환경을 만들어주는 일이라 생각합니다. 그러기 위해서는 교사는 물론 부모님의 역할 또한 지대합니다. 아이가 글을 '잘' 쓰는 것도 좋지만, '재미있게' 쓰도록 도와주시면 좋겠습니다. 교육 현장에 있는 저 또한 모든 아이의 수준에 맞춰 가르치기는 어려우므로 '글쓰기와 친해지는 것'을 최선의 목표로 삼고 있습니다.

우리 아이 문해력 수준은?

아이의 문해력 수준이나 국어 실력이 어느 정도인지 궁금하실 겁니다. 초등 저학년의 경우 교육부와 한국교육과정평가원에서 개발한 한글 익히기 지원 프로그램인 '한글 또박또박(www.ihangeul.kr)' 프로그램이 있습니다. 담임 선생님을 통해서 5분 만에 읽기 검사, 유창성 검사, 쓰기 검사를 하고, 학생 개별 맞춤 보충 교재도 제공 받을 수 있습니다.

아이의 한글 해득 정도가 궁금하거나 한글의 기초를 다지고 싶으면 한국초등국어교육연구소와 미래엔이 개발한 웹 기반 검사 프로그램인 '웰리미 한글 진단 검사(hg.mirae-n.com)'를 활용할 수 있습니다.

더하여 EBS에서 운영하는 '당신의 문해력(literacy.ebs.co.kr/

yourliteracy)' 홈페이지에서 [EBS 문해력] - [초중학 문해력 테스트]를 진행하여 아이에게 맞는 학급 과정을 추천받을 수 있습니다.

초등 중·고학년의 경우 가장 손쉽게 문해력 수준을 파악하는 방법은 자녀의 국어 교과서를 잘 살펴보는 것입니다. 쓰기 활동란에 자기 생각을 주어진 분량에 맞게 쓰고 있다면 잘 따라가고 있는 겁니다. 반대로 질문에 대해 적당한 답과 생각을 쓰지 못하고 있다면 국어 실력이 부족하다 볼 수 있습니다.

그렇다면 글쓰기가 중요한 것도 알았고, 우리 아이 문해력 수준도 파악했다면 이제 무엇을 하면 좋을까요? 그것은 지금 당장 한 줄이라도 써 보는 것입니다. 글쓰기는 단거리 경주가 아니라 마라톤입니다. 우리 아이 꿈이 클수록 기초 체력을 단단히 길러주어야 합니다. 마치 크고 높은 건물을 짓기 위해 땅을 더 깊이 파고 기초 공사를 튼튼하게 하는 것과 같습니다. 포기만 하지 않으면 됩니다. 자, 그럼 글쓰기 교육의 목표에 대해 더 알아볼까요?

✅ 글쓰기는 아이들의 마음을 자라게 합니다

글쓰기는 왜 해야 할까요? 글쓰기를 하면 공부를 잘하고, 좋은 대학교에 가기 때문일까요? 물론 글쓰기를 잘하면 공부를 잘하거나 좋은 대학에 갈 확률이 높아지겠죠. 그렇지만 글쓰기를 단순히 공부를 잘하기 위한 수단으로만 삼는다면, 아이들에게 글쓰기는 잘 해내야만 하는 괴로운 숙제가 되어 버립니다.

제가 생각하는 글쓰기의 참된 목적은 아이들의 삶을 가꾸는 것입니다. 그 목적을 잃어버리지 않아야 살아있는 글을 쓸 수 있습니다. 글쓰기를 하면서 아이들의 마음이 자라고 인격이 자랄 때 진정한 글쓰기의 가치가 드러납니다.

글쓰기는 전인적인 교육입니다. 전인 교육이란 '지식이나 기능 따위의 교육에 치우치지 아니하고 인간이 지닌 모든 자질을 조화롭게 발달시키는 걸 목적으로 하는 교육'입니다.

아이들 스스로 글쓰기에 재미를 느끼면 시키지 않아도 합니다. 그러다 보면 글쓰기를 통해 상도 받을 수 있고, 좋은 대학교에 갈 수도 있고, 문학가가 될 수도 있습니다. 그 모든 것은 결과이지 목표는 아닙니다.

글쓰기 교육의 목표와 방법에는 여러 가지 주장이 있습니다. 풍부한 표현을 위한 수사법(효과적, 미적 표현을 위하여 문장과 언어를 꾸미는 방법) 지도나, 글쓰기의 원리와 방법을 가르쳐 글쓰기 능력을 향상하는 방법을 강조하기도 합니다. 하지만 저는 근현대 한국의 교육자이자 아동 문학가였던 이오덕 선생님의 글쓰기 지도 방법을 선호합니다. 그것은 바로 '삶을 가꾸는 글쓰기'입니다. 삶을 가꾸는 글쓰기란 자기 삶을 솔직히 바라보고 느낀 대로 표현하여, 삶을 건강하게 가꾸어 나가도록 하는 것입니다.

한국글쓰기교육연구회 초기 회장이었던 이오덕 선생님은 삶을 가꾸는 글쓰기 교육의 목표를 '아이들에게 자기의 삶을 바로 보고 정직하게 쓰는 가운데서 사람다운 마음을 가지게 하고, 생각을 깊게 하고, 바르게 살아가도록 하는 교육'이라고 말했습니다.

"아이들의 글을 읽으면 아이들을 믿게 된다. 아이들의 글을 읽으면 아이들을 배우게 된다. (중략) 아이들을 믿게 하는 글, 아이들을 배우게 되는 글, 그런 글을 쓰게 해야 한다. 아이들이 스스로의 삶에 긍지를 가진 글을 쓰게 해야 한다."

- 『삶을 가꾸는 글쓰기 교육』(이오덕 지음, 보리, 2004)

아이들 각자의 삶은 고유합니다. 아이들은 비록 완벽하지는 않더라도, 자신만의 경험과 생각을 솔직하게 글로 표현하며 자기를 알아갑니다. 어떻게 살아야 할지 인생의 방향을 정하게 됩니다. 이렇게 고유한 경험을 살려 쓴 글은 아이들 스스로를 건강하고 바르게 성장시킵니다. 30년간 글쓰기를 통해 아이들이 성장하고 변화하는 모습을 지켜보면서, 글쓰기 교육이 아이들을 자라게 한다는 생각이 더 견고해졌습니다. 아이들은 모두 스스로 성장하는 능력, '자율 성장 능력'이 있습니다. 글쓰기는 아이들을 자생(自生)하게 합니다. 글쓰기는 자기 자신을 돌보고, 다른 사람을 이해하게 합니다.

학교는 다양한 성장 배경을 가진 아이들이 모이는 공간이라 예상치 못한 갈등이 종종 발생합니다. 이럴 때도 글쓰기는 큰 도움이 됩니다. 자신의 감정과 상황을 글로 표현하는 과정을 통해 자기 감정에만 과몰입하지 않고 스스로를 객관적으로 바라보게 됩니다. 그리고 자신의 마음을 상대방에게 글로 전달하는 과정에서 상대방의 마음도 헤아리게 됩니다. 이렇듯 글쓰기는 풍요로운 학교 생활을 할 수 있도록 도와주는 훌륭한 조력자이기도 합니다.

위로와 희망을 주는 글쓰기

글쓰기는 자신을 이해하고 격려하는 데 탁월한 약이 되기도 합니다. 특히 저에게는 제 감정을 받아 주고 꿈을 갖게 한 친구였습니다.

어린 시절 알코올 중독이었던 아버지 밑에서 자란 저는 우울과 두려움이 많았습니다. 대학에 가고 싶은 꿈과 가난이라는 현실 앞에서 절망했죠. 답답한 마음을 어딘가에 털어놓고 싶어서 글을 쓰기 시작했습니다. 그저 감정과 꿈과 목표를 두서없이 적어 내려가다 보면 어느새 마음이 편안해졌습니다. 그렇게 글에 담은 희망을 바라보며 다시 공부에 전념했고, 결국에는 원하는 대학교에 진학해 교사가 되었습니다. 이때 만들어진 글쓰기 습관은 오늘까지 이어져 오고 있습니다. 이처럼 감정을 글로 쓰다 보면 나 자신과 상황을 객관적으로 인식하게 됩니다. 그러다 보면 거기서부터 상황을 헤쳐나갈 힘을 얻을 수 있습니다.

'글쓰기는 기적을 일으킨다'라는 생각으로 아이들에게도 글쓰기를 권합니다. 그래서 아이들이 행복하게 글을 쓰려면 어떻게 해야 할지 늘 고민합니다. 아이들이 즐거워하는 것을 찾고 그걸로 글을 씁니다. 즐거움을 느끼면 아이들은 말이나 글로, 그림으로 표현하고 싶어 하니까요. 자기의 고유한 생각과 감정을 마주하다 보면, 잠재력을 발견하게 되고 자신을 사랑하는 마음을 갖게 됩니다.

자신감을 주는 글쓰기

그동안 수많은 아이를 만나며 느꼈습니다. 공부를 잘하는 아이는 점점 잘하고, 못하는 아이는 점점 못한다는 겁니다. 만약 공부를 못하던 아이가 잘하게 되었다면, 그것은 강물을 거슬러 올라가는 연어처럼 대단한 노력을 했다는 겁니다.

몇 해 전 제가 만났던 한 아이는 학기 초에 학습에 전혀 관심이 없고, 자기 생각을 말이나 글로 잘 표현하지 못했습니다. 그런데 그 친구가 글쓰기를 하면서 자기 마음을 표현하기 시작했고 아이의 내면도 조금씩 바뀌기 시작했습니다.

아이가 쓰는 글이 길지는 않았지만, 마음과 생각이 참 인상 깊었습니다. 어느 햇살 가득한 가을날, 5교시 동아리 시간에 글쓰기를 다 마치지 못한 아이와 이야기를 나누었습니다. 그런데 아이가 뭘 써야 할지 잘 모르겠다는 겁니다. 저는 날씨를 주제로 아이에게 질문을 던졌습니다.

"오늘 날씨는 어떤 것 같아?"

"해가 많이 비춰요."

"지금 우리 교실에서 들리는 이 소리는 무슨 소리인 것 같아?"

"운동장에서 아이들 소리가 들려요."

"그럼 그 소리를 어떻게 표현하면 될까?"

"왁자지껄 시끄러워요."

"그런데 지금 네 마음은 어떠니?"

"떠드는 아이들 소리도 듣기 좋고,
날씨도 따듯해서 기분이 좋아요."

"□□이가 기분이 좋구나?
너 말고 또 누가 기쁠 것 같니?"

"제가 사는 이 지구도 좋아할 것 같아요."

잠시 생각하더니 이렇게 멋진 시를 써냈습니다.

가을날

운동장 한가득
가을 햇살 한 보따리 올려놓고
왁자지껄 아이들 소리
오늘은 지구가 기쁜 날이다

마음속에 하고 싶은 이야기는 있었지만 단지 글로 옮기는 게 어려웠을 뿐이었습니다. 너무 멋진 시라고 생각해서 동시 대회에 출품했는데 수상까지 하는 결과를 얻었습니다. 아이는 열심히 하고 싶은 마음이 들었는지 그 이후에 이런 시를 쓰기도 했습니다.

열심히 하는 내가 좋아

나는 내가 좋아하는 것은 잘해
뭐라도 열심히 하는 것은 좋다고 생각해
나는 진짜 공부를 잘하고 싶어
이제부터 열심히 하자

아이는 자신이 쓴 대로 날마다 노력했고, 학기 말에는 거의 모든 과목에서 우수한 성취를 보여주며 진급했습니다. 나중에 이 아이의 학부모님과 통화한 적이 있었는데, 자신감도 생기고 공부도 열심히 하면서 즐거운 학교 생활을 하고 있다는 소식을 들어 매우 흐뭇했던 기억이 납니다.

말은 하고 나면 사라지지만, 글은 오래도록 남아서 아이들에게 자신을 사랑하는 마음을 갖게 합니다. 아이들이 글을 쓰면서 숨겨진 마음속 보석을 찾고, 행복해하는 모습을 보면 '교사하길 잘했다'라는 생각이 듭니다.

소통하는 글쓰기

아이들은 감정을 잘 숨기지 못합니다. 표정만 보아도 슬픈지, 기쁜지 알 수 있습니다. 그런데 때때로 말과 표정에 걸러지지 않는 감정을 글에서 발견할 때가 있습니다. 글은 마음을 비추이는 거울과 같은 것이니까요. 다음의 글은 초등학교 3학년 친구가 쓴 시입니다.

아빠의 주문

지이룸

라해만그 라해만그
라해만그 라해만그 발졔
라해만그 라해만그 임게
라마지뛰 라마지뛰 에밤 쿵쿵쿵
아빠의 주문은 꽤 길다

 시의 비밀을 발견하셨나요? 못 찾으셨다면 한 번 거꾸로 읽어보세요. 이 시를 쓴 아이의 아버지는 시를 읽고 자기 모습을 되돌아보았다고 말씀하시더군요. 어른들이 무심코 하는 말도 아이들은 오래도록 간직합니다.
 때로는 마음을 말이 아닌 글로 표현할 때 더 깊게 소통하는 기회가 되기도 합니다. 말로 표현하기 어려울 때는 글로 전달해 보세요. 그러다 보면 서로를 더 이해하고 행복한 가정이 될 수 있지 않을까요.

은주쌤의 글쓰기 교육 TIP

글쓰기의 마중물이 되는 가정에서의 활동

❶ 말을 많이 하도록 도와주세요.

　가족 구성원끼리 자유롭게 대화하는 것이 익숙하다면, 아이는 학교에서도 자신감 있게 말을 잘하게 됩니다. 아이가 말을 잘하도록 도와주려면 먼저 아이의 말에 귀를 기울여야 합니다. 아이의 감정과 생각에 귀 기울이면 자기 말을 꺼내 놓습니다. 말과 글은 표현 방식이 다를 뿐이지 생각을 전달한다는 목적은 같습니다. 자신의 생각을 정리하면서 말하는 경험이 많아질수록 말도 잘하고 글쓰기도 잘하게 됩니다.

❷ 손을 사용하는 활동을 많이 하도록 도와주세요.

　찰흙 놀이, 종이접기, 가위질, 실뜨기, 밀가루 반죽하기, 요리하기 등 손을 사용하는 활동을 많이 할수록 소근육이 균형 있게 잘 발달합니다. 연필 잡는 것이 어려우면 글쓰기도 싫어질 수 있습니다. 손힘을 잘 키울 수 있도록 집에서 여러 활동을 함께 해 주세요.

❸ 집 한쪽 벽면을 낙서장으로 만들어 보세요.

　아이가 손으로 연필이나 색칠 도구를 잡을 수 있을 때부터 만들어 주면 좋습니다. 벽에 낙서하다가 집의 온 가구에 낙서하는 일도 있을 수 있지만, 아이가 표현하는 데 기회를 주어야 합니다. 아무 곳에나 낙서하지 않도록 한쪽 벽에 커다란 전지를 붙여서 낙서 구역을 만들어 주세요. 작은

공간이지만 아이 마음속의 모든 것을 다 담아낼 수 있습니다.

❹ **아이가 좋아하는 공책과 필기도구를 사 주세요.**

학용품이 귀했던 과거와 다르게 지금은 형형색색의 필기도구가 넘쳐납니다. 그러므로 더더욱 아무거나 사 준다고 좋아하지 않습니다. 조금이라도 아이들이 좋아하는 캐릭터가 그려진 학용품을 사 주세요. 아이와 함께 문구점에 가서 학용품을 직접 고르게 하는 것도 좋은 방법입니다. 자신이 좋아하는 캐릭터 연필과 예쁜 공책이 있으면 쓰고 싶은 마음이 새록새록 들 것입니다.

2장

글쓰기 교육, 사실 이것만 알아도 됩니다

✅ 글쓰기는 쉬워! 글쓰기는 즐거워!

서점에 가면 독서 방법과 기술을 다룬 책들이 쉽게 눈에 띕니다. 하지만 독서의 기술 100가지를 알고 있다고 해도 책을 1권도 안 읽으면 아무 소용 없습니다.

글쓰기도 마찬가지입니다. 글 쓰는 기술을 익히는 것보다, 먼저 글쓰기 습관을 길러야 합니다. 아이 수준에 맞는 글을 많이 쓸 수 있게 도와주세요. 습관이 형성되면 나중에는 스스로 씁니다. 다시 말해 **글쓰기 비법은 바로 '글을 쓰는 것'입니다.**

하지만 아이들에게 글쓰기는 만화를 보거나 축구를 하는 것처럼 스스로 하고 싶은 일은 아닐 겁니다. 그런 아이들에게 무조건 쓰라고만 하면 글을 써야 하는 원동력을 잃어버립니다. 그렇다면 즐겁게 글을 쓰게 만들기 위해서는 무엇이 가장 중요할까요?

운동할 때 다이어트나 건강 증진 등 목표가 있어야 꾸준히 이어 나갈 수 있는 것처럼 글쓰기에도 목적이 필요합니다. 때때로 좋은 점수를 받아야 한다는 이유로 아이에게 '글쓰기를 위한 글쓰기'를 시키는 분들도 있습니다. 하지만 글쓰기 그 자체는 목적이 될 수 없습니다. 글쓰기의 궁극적인 목적은 아이들이 글을 쓰면서 자신을 이해하고, 자기 삶의 방향을 찾아가도록 돕는 것임을 기억해 주시면 좋겠습니다.

어릴 적 행복한 글쓰기 경험이 평생 글을 쓰는 아이로 만듭니다. 저의 글쓰기 출발점으로 거슬러 가다 보면 초등학교 시절을 만납니다. 당시에는 '위문편지'라고 해서, 나라를 위해 헌신하는 국군 장병들에게 편지를 보내는 일이 잦았습니다. 그래서 군대 간 외사촌 오빠들에게 크리스마스카드나 연하장을 보냈는데 답장이 왔습니다. 답장을 받는 것이 너무 설레고 즐거워서 계속 편지를 썼고, 어느덧 저는 편지 쓰는 것을 좋아하는 아이가 되어 있었습니다.

　아이들도 글쓰기에 대한 행복한 경험이 있으면 됩니다. 그 경험이 글을 쓰게 합니다. 한번 글을 못 썼다고 된통 혼난 아이는 글쓰기를 싫어하게 됩니다. 맞춤법이 틀렸다고 지적받은 아이도 마찬가지입니다. 글쓰기에 대한 안 좋은 경험은 글쓰기를 힘들고 어려운 것으로 만들어버립니다.

　저의 글쓰기 교육 목표는 단 한 가지입니다. **아이들이 글쓰기를 즐거운 것이라 느끼고, 계속하고 싶다는 열망을 갖도록 만드는 것입니다.** 먼저 부모와 교사의 생각이 변하면, 아이들은 따로 챙겨주지 않아도 넉넉히 쓰게 됩니다. 아이들은 원래 글쓰기 천재입니다. 안 써서 그렇지요. 쓰기만 하면 아이들은 시인이고, 작가라는 것을 저는 이미 익히 알고 있었습니다.

　학기 초에는 아이들과 다양한 글쓰기를 시도해 봅니다. 6학년을 가르쳤을 때는 매일 아침 10분 글쓰기를 하고, 일주일에 한 번씩 독서 편지(부모님 또는 다른 사람에게 읽은 책과 관련된 내용으로 편지를 쓰고 답장을 받아오는 활동) 숙제를 내 주었습니다.

　어느 날엔가 아이들의 학업 분량이 너무 많아져서 힘들까 봐 알림장에서 독서 편지 쓰기 숙제를 뺐습니다. 그랬더니 아이들이 독서 편지 숙제가 빠졌다고 어서 넣어 달라는 것이었습니다.

이상하죠? 선생님이 숙제를 빼 주면 좋아해야 하는데, 오히려 숙제를 넣어달라고 하니 말입니다. "너희들 매주 독서 편지 쓰는 것 힘들지 않니?"라고 물었더니, "아니요. 괜찮아요. 재미있어요. 할 만해요."라고 답합니다. 글쓰기가 습관이 된 것입니다. 아이들이 독서 편지를 이렇게 열심히 쓰는 이유는 부모님의 답장 때문이라고 합니다. 자신의 편지를 읽고 부모님이 공감하며 답장을 써 주시니 책도 더 읽고 싶고, 글쓰기도 어느새 즐거워진 것입니다.

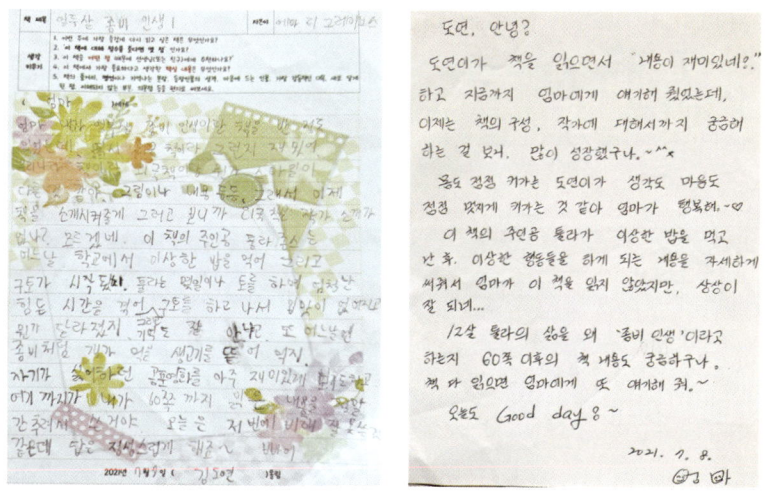

▲ 독서 편지와 부모님의 답장

아이들이 글쓰기를 싫어하는 이유는 자신이 잘 해낼 수 없다고 지레짐작하기 때문입니다. 그러나 일단 시작하면 작은 변화가 시작되고, 반복할수록 더 큰 변화가 생깁니다. 무엇부터 시작해야 할지 모르겠다면 일단 쉽고 짧고 재미있는 글쓰기부터 시작하는 것입니다. 쉽고 재미있는 글쓰기 경험이 아이들 스스로 글을 쓰게 만듭니다.

글쓰기는 저절로 잘하게 되는 것이 아닙니다

간혹 부모님들이 "저희 아이는 어렸을 때부터 책을 좋아해서 두세 살 때 한글도 깨우치고, 지금도 책을 많이 읽어요. 그런데 왜 글쓰기는 못 하는지 이해가 안 돼요."라고 말씀하십니다. 반면 어떤 아이는 어렸을 때부터 책을 많이 읽었고 글쓰기도 잘합니다. 두 아이는 똑같이 다독가인데 글쓰기 실력은 차이가 납니다. 독서를 많이 한다고 해서 글쓰기도 잘하는 것이 아님을 알 수 있습니다.

책을 잘 읽는 아이가 글도 잘 쓰려면 부모님의 노력이 필요합니다. 글쓰기가 일상이 되도록 만들어주는 것입니다. 그건 아이가 젖을 떼고 이유식을 시작할 때 엄마의 수고와 같다고 생각합니다. 아이가 세상에 나와 다양한 음식을 처음 맛보는 때가 이유식 시기입니다. 이 기간이 아이 평생의 식생활을 좌우하므로 양육자는 상당히 신경을 씁니다. 이때를 잘 보내지 못하면 아이는 자기가 좋아하는 음식만 먹고, 싫어하는 음식은 멀리할 수도 있습니다. 그래서 아이가 싫어하는 채소를 한 번이라도 더 먹여보고자 다양한 요리 방법을 연구합니다. 글쓰기도 이렇게 다가가면 어떨까요. 그러면 글쓰기에 대한 거부감이나 상처 없이 글을 잘 쓸 수 있을 거예요.

글쓰기는 훈련이 필요합니다

손흥민 선수가 세계적인 축구선수가 된 배경에는 아버지 손웅정 씨의 특별한 교육이 있었다는 건 잘 알려져 있습니다. 일찍이 아들의 재능을 알아본 아버지는 손흥민 선수가 어렸을 때부터 직접 훈련을 시켰다고 합니다. 손흥민 선수는 한 인터뷰에서 아버지로부터 배운 것 중 하나가 바로 '손흥민 존'이라고 말하기도 했습니다. '손흥민 존'은 페널티 지역 양쪽 모서리를 말하는데, 손흥민이 많은 득점을 올린 구역입니다. 그는 '손흥민 존'에 관해 "어렸을 때부터 아버지와 이 지역에서 슈팅을 연마했다"라며 "일련의 훈련으로 자신감을 쌓았고, 그 효과가 실전 경기에서 나오는 것 같다"라고 이야기했습니다. 어렸을 때부터 아버지와 함께 꾸준히 연습한 훈련이 현재 손흥민 선수의 정확한 슈팅 실력을 만든 것입니다.

글쓰기를 시작할 때에도 우리 아이의 미래에 대한 믿음과 열정이 필요합니다. 아이가 무엇을 잘하는지 눈여겨 살펴보고, 부모님이 더 멀리 보고 꿈을 키워주면 좋겠습니다. 아이를 교육할 때는 아이와 온전히 함께 해 주세요. 아이들에게는 공부하라고 하면서 부모님은 게임을 하거나 유튜브를 보고 있다면 아이는 공부에 집중하기 어려울 겁니다. 아이가 공부를 잘하기를 원하면 같이 공부하고, 책을 많이 읽기를 원하면 같이 책을 읽고, 글을 잘 쓰기를 원한다면 아이가 쓴 글을 함께 읽고 반응해 주세요. 훌륭한 글쓰기 실력의 배경에는 부모님과 함께한 훈련의 시간이 있다는 걸 잊지 말아 주세요.

글쓰기에 대한 몇 가지 잘못된 생각들

첫째, 말을 잘하니 글도 잘 쓸 것이다.

말 잘하는 아이는 글도 잘 쓸 확률이 높습니다. 그러나 말을 잘하니 반드시 글쓰기도 잘할 것이라는 생각은 틀렸습니다. 말하기는 음성 언어이고 쓰기는 문자 언어입니다. 사람이 습득하는 언어 기능을 순서대로 나열하면 듣기, 말하기, 읽기, 쓰기입니다. 제일 먼저 말을 듣고, 들은 걸 바탕으로 말을 합니다. 그다음 의미가 담긴 문자를 인지하여 읽고, 최종적으로 글을 씁니다. 말을 글로 변환하는 것은 이처럼 고도의 과정이 필요한 일입니다. 그러므로 말을 잘하는 아이더라도 글을 잘 쓰는 데까지 이르기 위해서는 훈련이 필요하다는 사실을 기억해 주셨으면 좋겠습니다.

둘째, 책을 많이 읽으니 글도 잘 쓸 것이다.

첫 아이는 부모의 모든 관심을 받고 자랍니다. 아이가 배 속에 있을 때부터 유아 시절에 이르기까지 할 수 있는 한 많은 것들을 제공합니다. 당연히 책도 많이 읽어줍니다. 그래서인지 첫 아이가 스스로 한글을 깨우쳤다는 이야기를 많이 듣습니다. 그러나 아이가 스스로 책을 읽기 시작하면 그때부터 부모님은 관심을 덜 기울입니다. '알아서 잘 읽겠지', '스스로 글도 잘 쓰겠지'라며 방심합니다.

간혹 이런 말을 듣습니다. "우리 아이가 어렸을 때는 책을 잘 읽었는데요. 지금은 책도 잘 안 읽고, 글쓰기를 너무 싫어해요." 책을 많이 읽으면 자동으로 글쓰기도 잘하리라고 생각합니다. 그러나 저절로 크는 나무는 없습니다. 아이가 책을 많이 읽고 한글을 깨우쳤다면 다음에는 아이 수준에 맞는 글쓰기와 깊이 있는 독서 방법을 알려주어야 합니다. 독서량이 뒷받침된 가운데 꾸준히 글을 쓰면 글쓰기 실력은 저절로 따라옵니다.

셋째, 글쓰기는 영어, 수학보다 덜 중요하다.

학부모님을 만나다 보면 아이가 초등 중·고학년이 되면 독서나 글쓰기보다 영어와 수학 교육에 더 많은 관심을 쏟는다는 걸 느낍니다. 그런데 글쓰기를 못하는 학생이 다른 과목을 잘하기는 더 어렵습니다. 모든 과목은 읽기와 쓰기를 바탕으로 학습하기 때문입니다. 그래서 글쓰기를 잘하는 아이는 영어, 수학뿐만 아니라 모든 과목을 잘하는 편입니다.

글쓰기는 공부가 아니라 공부하는 방식을 가르쳐주는 도구 교과입니다. 어려운 수학 문제 계산은 잘하면서, 서술형이나 논술형 문제의 뜻을 이해하지 못해서 못 푸는 아이들이 있습니다. 또 답을 알기는 아는데, 서술하지 못하겠다고 하는 아이들도 있습니다. 글로 표현하지 못한다면 그것은 제대로 알지 못하는 것입니다. 그래서 매일 조금이라도 배운 내용을 자기 방식으로 소화해서 써야 합니다. 글쓰기는 영어와 수학 못지않게 중요합니다.

넷째, 글쓰기는 중·고등학교 가서 배우면 된다.

이건 '피아노를 한 번도 배워본 적 없는 아이가 마음만 먹으면 나중에 커서 피아노를 잘 칠 것이다'라는 말이나 마찬가지입니다. 글쓰기 실력은 하루아침에 만들어지지 않습니다. 내가 표현하고자 하는 내용을 정확한 문장으로 표현하는 데에는 수년이 걸립니다. 그러니 한 문장, 한 문장을 모아서 문단을 체계적으로 구성하고, 한 편의 글을 완성하기까지는 훨씬 많은 연습이 필요합니다. 초등학교 때 하지 못했던 글쓰기는 커서도 잘하기 어려운 것이 사실입니다.

심사위원이 아닌 팬이 되어주세요

아이는 수천 번의 옹알이 끝에 말을 배웠습니다. 처음 '엄마', '아빠'라고 말한 날을 아직도 기억하실 겁니다. 감격스러운 순간이었을 거예요. 부모의 감격에 힘입어 아이는 한 단어, 한 단어 말이 늘고 문장 구사력도 좋아집니다. 그랬던 아이가 커서 기역, 니은을 배우더니 문장도 씁니다. 그런데 이제는 아이가 처음 말했을 때만큼 감격해 주지 않습니다(안 그런 분도 계시겠지만, 저는 그랬어요). 사실 글자를 쓴다는 것은 눈과 손이 협응해야 하고, 손의 소근육을 섬세하게 조작해야 하는 고단한 작업입니다. 그러니 아이가 무엇을 쓰기 시작했다면 칭찬해 주세요. 초등학생 때는 첨삭이나 평가는 최대한 자제하고, 대신 조언하고픈 부분이 있다면 긍정적인 제안을 해 보세요.

그렇다면 긍정적인 제안은 어떻게 하면 될까요? 저희 반에서 했던 글쓰기를 예로 들어 보겠습니다. 곤충 관찰 활동을 위해 배추흰나비 애벌레(이름은 삼칠이)를 교실에서 키운 적이 있었습니다. 아이들은 애벌레가 나비가 되고, 바깥세상으로 날려 보내주기까지 모든 과정을 지켜보았습니다. 알게 모르게 정도 많이 들었을 테지요. 그래서 떠난 삼칠이에게 편지를 쓰는 글쓰기 활동을 했습니다. 이때 저는 아이들이 쓴 글에서 좋은 점을 찾아 칭찬하고 내용에 공감해 주었습니다. 고쳐야 할 점이 있다면 '~하면 좋겠어'라는 식의 긍정적인 제안으로 다가갔습니다. 다음 예시처럼 말이에요.

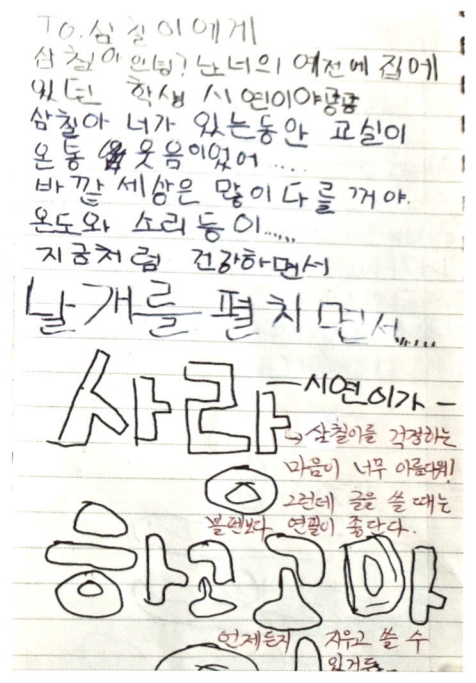

▲ 삼칠이에게 쓴 편지와 선생님의 답글

바깥 생활이 힘들진 않을까 삼칠이를 걱정하고 격려하는 아이의 마음을 칭찬해 주고, 볼펜으로 글을 쓴 아이에게 "글을 쓸 때는 볼펜보다 연필이 좋단다. 언제든지 지우고 쓸 수 있거든." 하고 긍정적인 제안을 했습니다.

이처럼 먼저 아이들의 글에서 좋은 점을 찾아서 구체적으로 이야기 해주고, 고쳤으면 하는 점이 있다면 더 나은 방법을 말해 주면 좋겠습니다.

아이의 글은 버리지 말고 모아 두세요

아이의 성장 과정을 사진 찍어 앨범으로 만들어 주듯이, 아이가 쓴 글을 모아서 문집을 만들어 주면 좋습니다. 아이의 글을 부모님이 소중히 여기고 읽어 주면, 아이는 글을 아무렇게나 쓰지 않고 생각을 하면서 쓰려고 합니다.

저는 아이들이 한 학기 동안 쓴 글을 모아서 학급문집을 만들어 주고 있습니다. 아이들의 문집을 본 학부모님들은 "우리 아이가 이렇게 글을 잘 쓰는 줄 몰랐다."라며 매우 좋아하시곤 합니다. 만약 아이의 글만 모아서 책을 만들어주고 싶다면 자가출판 플랫폼인 "부크크(BOOKK)"를 이용해보는 것도 추천합니다.

▲ 아이들이 직접 그린 표지로 만든 학급문집

아이들은 자신이 그동안 쓴 글을 읽으면서 스스로 독자가 되고, 더 글을 잘 쓰고 싶다고 다짐합니다.

학기 말이 되면 아이의 교과서부터 시작해서 모든 자료를 시원하게 분리수거 하고 싶으시죠? 물건이 자꾸 쌓이다 보면 감당이 안 될 때가 있으니까요. 그렇지만 버리지 말아야 할 것은 아이가 쓴 글입니다. 아이의 어렸을 적 모습은 사진으로 남지만, 마음의 역사는 어디서 찾죠? 당연히 아이의 글입니다. 저는 제 자녀가 어릴 때 쓴 글을 지금도 가끔 읽어보곤 합니다. 그러면 자녀의 어렸을 적 숨겨진 마음을 만나게 되고, 현재의 모습을 더 잘 이해하게 됩니다.

　아이가 쓴 글을 읽으면서 "우리 ㅇㅇ이가 이렇게 썼네?" 하고 칭찬해 보세요. 그러면 아이는 학교에서 쓰는 짧은 글 하나도 소홀히 하지 않을 것입니다.

　저는 이 세상 모든 사람은 작가라고 생각합니다. 한 마디든, 두 마디든 끊임없이 자기만의 이야기를 쓰고 있으니까요. 어쩌면 우리 아이는 지금 독자가 없는 무명작가로 글을 쓰고 있을 수 있습니다. 부모가 열혈 독자가 되어주고 반응을 보여준다면 꼬마 작가님은 더 신이 나서 글을 쓸 것입니다.

✅ 올바른 글쓰기 교육 태도

우리 부모들 대부분은 글쓰기를 전문적으로 배워본 일이 없어서 글쓰기가 어려울 수 있습니다. 더구나 아이의 글쓰기를 도와주는 건 더더욱 쉽지 않습니다. 그래서 아이가 글쓰기를 잘하지 못하면, 학원에 보내는 것이 최선이라고 생각하기도 합니다. 그러나 사실 우리는 충분히 아이의 글쓰기를 도와줄 수 있습니다. 초등학교 글쓰기 교육에서 가장 중요한 건 글쓰기 기술을 익히는 것이 아니라 '아이다움'을 갖게 해주는 것이니까요.

'아이가 아이다워지는' 글을 쓰려면 엄마 아빠가 보기에 좋은 글이 아니라, 아이 자신만의 생각과 감정이 들어가야 합니다. 글쓰기 교육의 출발점은 아이가 자신의 감정과 생각을 마음껏 표현하는 기회를 주는 것입니다. 지금 우리 아이는 무슨 일을 경험하고, 어떤 생각을 하고 있을까요? 먼저 아이의 마음을 가만히 들여다본다면 어떻게 글쓰기를 가르쳐 줄지 알 수 있을 것입니다.

글쓰기를 가르칠 때 기억할 것

첫째, 정직한 글을 쓰도록 도와줍니다.

아이들은 칭찬받고 싶어 하는 마음이 강합니다. 글을 쓸 때도 다른 사람에게 자랑하고 싶어서 경험한 일을 과장하거나, 다른 사람의 말을 흉내 내거나, 꾸며서 쓰기도 합니다. 때론 숨기고 싶은 것들을 사실과 다르게 쓸 때도 있습니다. 부모님께 꾸중을 들을까 바꾸어 쓰는 겁니다. 그럴 때는 "틀려도 괜찮아.", "너의 감정은 틀린 게 아니야."라고 안심시키고 어떤 글을 쓰든지 잘 받아주세요. 그럼 아이는 점점 더 솔직하고 정직하게 글을 쓸 겁니다. 또는, 다른 사람이 솔직하게 쓴 좋은 글을 예시로 보여주거나 읽어 주는 것도 좋은 방법입니다.

둘째, 부족해 보이는 글도 괜찮습니다.

처음부터 글을 잘 쓰는 아이는 없습니다. 글쓰기는 말하기처럼 많은 시간을 들여 배워본 적이 없으니까요. 맞춤법도 틀리고, 띄어쓰기도 못 하고, 글씨 모양도 바르지 않은 게 당연합니다. 아이가 쓴 글을 빨간색 펜으로 여기저기 고쳐 주면 아이는 그것을 성장을 위한 과정이 아니라 시험의 결과, 지적으로 받아들입니다. 그리고는 지적을 받고 싶지 않아서 글쓰기를 회피합니다. 글이 완벽하지 않아도 어떤 부분을 잘했는지 꼭 짚어서 이야기해 주면 아이는 즐거워서 글을 또 쓰려고 할 겁니다. 만약 아이가 글씨 쓰는 게 익숙하지 않아서 싫어한다면 먼저 그림으로 그려보고, 그림을 설명하는 글을 간단하게 써 보게 하는 것을 추천합니다.

셋째, 삶과 체험에서 우러나온 글을 씁니다.

스페인의 소설가이자 『돈키호테』의 저자 미구엘 드 세르반테스는 "펜은 마음의 혀다."라는 말을 남겼습니다. 실제로 생각과 글쓰기는 떼려야 뗄 수 없는 관계입니다. 특히 아이들은 스스로 글을 쓰고 싶다는 마음이 들어야 글을 잘 쓰게 됩니다. 따라서 우리 아이가 글을 잘 쓰게 하고 싶다면, 쓰고 싶은 내용을 찾는 것이 우선입니다. 그러니 글감을 정할 때는 일상에서 쉽게 접하는 것들을 찾게 합니다.

아이들은 어떤 활동이든 다른 사람이 하는 것을 구경하기보다 자신이 직접 해 보는 걸 좋아합니다. 이것이 바로 아이들의 '삶'을 글로 써야 하는 이유가 됩니다. 아이 자신이 경험한 일은 자세하게 기억하고 있어서 쉽고도 정직하게 글을 쓸 수 있습니다. 반면 어른들의 생각을 강요하거나, 아이들이 좋아하지 않는 주제로 글을 쓰게 하면 아이들은 창작 의욕이 떨어집니다. 아이가 정직하게 쓸 수 없는 주제나 쓰고 싶지 않은 주제로 글을 쓰게 하는 건 좋지 않습니다.

넷째, 좋은 글을 많이 접하게 해 줍니다.
이오덕 선생님은 어린이가 글을 잘 쓰게 하려면 먼저 쓰고 싶은 마음이 되도록 좋은 글을 보여 주거나 읽어 주라고 말합니다. 또래 아이가 쓴 글을 읽어 주면 '나도 저 정도는 쓸 수 있어.', '나도 저렇게 재미나게 생각한 적이 있는데 써 볼까?'라는 마음을 갖게 됩니다. 글쓰기 후에 아이들에게 발표를 시키면 회를 거듭할수록 글쓰기 실력이 월등하게 좋아지는 걸 볼 수 있었습니다. 친구들의 글을 보고 듣는 동안 글쓰기 의욕이 생겨나는 것이지요.

은주쌤의 글쓰기 교육 TIP

아이가 글쓰기를 싫어한다면 점검해 보세요

❶ **글을 쓸 여유가 부족하지는 않나요?**

아이들이 글쓰기를 어려워하는 이유는 글쓰기에 익숙하지 않아서입니다. 글쓰기를 할 만한 시간이 부족하니까요. 아이들도 쉼이 있어야 생각하고 글을 쓸 수 있습니다. 하지만 요즘 아이들에게 그런 시간은 사치처럼 여겨집니다. 일상에서 여유가 회복되는 게 중요합니다. 만약 학원에 다녀야 한다면 꼭 필요한 학원만 다니는 것도 좋겠습니다. 여유 있는 시간이 생긴다면 아이들은 글을 쓸 수 있습니다. 아이가 글을 쓰고 싶어 하는 시간을 '글쓰기 시간'으로 정해서 짧은 글쓰기부터 한번 시작해 보세요. 점점 글 쓰는 습관이 길러질 것입니다.

❷ **아이가 쓴 글을 평가하고 있지는 않나요?**

아이들은 글을 쓰면 항상 평가를 받아왔습니다. "잘 썼다.", "너무 짧다.", "생각이 안 들어갔다." 등 아이들은 글을 쓸 때 늘 평가받는다고 생각합니다. 이렇게 계속 평가를 받아온 아이들은 고학년이 될수록 솔직한 감정과 생각을 쓰는 것을 어려워합니다. 완벽하게 써야된다는 부담감을 느끼기도 합니다. 꼭 글을 고쳐주고 싶으면 아이가 스스로 글을 다시 읽어보고 잘못된 곳을 찾도록 하는 게 좋습니다. 쓰고 싶은 말을 빠트리지 않고 썼는지, 어색한 곳은 없는지, 빼고 싶은 말이 있는지 등을 생각해

보라고 말해 주세요. 부모는 잘한 점을 중점적으로 칭찬해 주기만 해도 됩니다. 단점만 지적하다 보면 어른들이 좋아하는 종류의 글만 쓰거나, 글쓰기 자체를 싫어하게 될 수 있습니다.

❸ 차분히 집중하는 것을 어려워하지는 않나요?

글쓰기는 집중력이 필요한 일입니다. 간혹 한곳에 앉아 차분히 집중하지 못하는 아이들이 있습니다. 속도감이 빠른 영상 매체를 자주 접하고, 늘 해야 할 일이 많은 요즘 아이들은 집중하는 걸 어려워하기도 합니다. 특히 부적절한 생활습관으로 인해 주의력이 부족한 건 아닌지 살펴봐야 합니다. 양질의 수면을 하지 않으면 뇌가 피로해져서 기억력이 저하됩니다. 또한, 뇌의 연료가 되는 포도당이 부족하거나 불규칙한 식사도 집중력에 좋지 않은 영향을 미칩니다. 해야 할 일이 많지 않더라도 시간 관리를 잘하지 못하면 아이들은 불안해합니다. 만약 아이가 지속적인 주의력 부족과 산만함, 과다 활동, 충동성을 보이면 주의력 결핍 과다 행동 장애(ADHD)가 아닌지 의심해보고 검사 및 적절한 치료를 받아야 합니다.

3장

글쓰기가 쉬워지는 아주 작은 글쓰기

☑ 글쓰기도
준비운동이 필요합니다

'나에게 글쓰기란?'이라는 주제로 글쓰기를 했습니다. 한 아이가 이런 글을 썼습니다.

> 나에게 글쓰기는 나를 힘들게 하는 것이다. 거의 눈에서 양들을 찾는 것이랑, 겨울에 에어컨을 틀고 자는 것이다. 하지만 그래도 계속 하고 싶을 때도 있고 자꾸 재밌어지는 건 계속 잘하고 싶은 것이다. 이런 글쓰기는 좋은 점도 있고 나쁜 점도 있다. 하지만 내가 생각하기엔 나쁜 점이 많은 것 같다.

글쓰기가 마치 눈이 내린 하얀 들판에서 양 찾기, 겨울에 에어컨 틀고 자기처럼 힘들다고 합니다. 참 재미있는 표현이죠? 글쓰기가 어렵다고 했지만, 솔직한 표현으로 재미있는 글을 써냈습니다.

모든 아이는 좋은 글을 쓸 수 있는 능력이 있습니다. 다만 훈련이 필요할 뿐이죠. 아이들은 모두 마음속에 하고 싶은 말을 품고 있고, 그걸 표현하고 싶어 합니다. 말로 표현하는 걸 좋아하는 아이도 있고, 그림으로 잘 표현하는 아이도 있습니다. 애초에 아이들은 글쓰기를 싫어하도록 태어나지 않았습니다. 단지 자기 눈높이에 맞추어 글로 표현하는 방법을 배운 적이 없어 어려웠던 것입니다. 그러니 어른들이 조금만 도와준다면 아이들도 글쓰기를 얼마든지 잘할 수 있습니다. 우리 아이가 글을 잘 쓸 수 있는 존재로 태어났다는 것을 아는 것이 가장 중요합니다.

글쓰기는 천천히 다가가야 한다

　뇌는 변화를 매우 싫어한다고 합니다. 우리를 둘러싼 환경이나 상황이 갑작스럽게 변하는 것을 생존을 위협받는다는 신호로 여기기 때문이라고 하는데요. 『아주 작은 반복의 힘』(스몰빅라이프, 2023)의 저자이자 임상심리학자인 로버트 마우어는 큰 변화를 시도할 때 뇌가 눈치채지 못하게 아주 작은 일부터 시작하는 '스몰 스텝'의 전략이 필요하다고 말합니다. 뇌가 스트레스를 받지 않도록, 지속적인 작은 성공의 경험을 통해 성취감을 얻고, 특정 행동을 즐겁게 반복하도록 만드는 것입니다.

　어떤 아이들은 글쓰기를 어렵다고만 느낄 뿐 아니라 지겹다고까지 합니다. 글쓰기를 좋아하는 아이는 반에서 손에 꼽을 정도입니다. 글쓰기는 말하기, 읽기보다 몇 배의 노력과 과정이 필요하기 때문입니다. 머릿속으로 생각을 정리한 다음, 글씨를 바르게 쓰도록 눈에 힘을 주어 집중하고, 손의 근육을 이리저리 움직여 또박또박 글자를 써야 하니까요. 또, 글을 쓰는 동안 가만히 앉아 집중하는 인내도 필요합니다. 이런 글쓰기를 아이들이 쉽다고 느낄 수 있게 하기 위해서는 준비운동이 필요합니다.

　아이들이 부담 없이 글을 쓰도록 여러 가지 시도를 해 보았습니다. 그중 하나는 이후에 소개할 '새·알·심(心) 글쓰기'입니다. 여기서 '새알심'이란 '새롭게 알게 된 내 생각과 마음'의 줄임말입니다.
　초등학생은 처음 해 보는 일, 처음 배우는 것이 참 많습니다. 모든 게 새롭고 신기하니까 생각도 감정도 크게 다가옵니다. 그럴 때 글을 쓰기 더 쉬워집니다. 그런 생각으로 시간이 날 때마다 아이들과 함께 가볍고 쉽게 글을 써왔습니다. 이렇게 자기 생각을 글로 옮겨 쓰는 습관이 생기면, 어떤 일을 만나든 글로 표현하고 싶어 하게 됩니다.

글쓰기가 습관이 되다

어느 날의 5교시 음악 시간, 아이들이 목청껏 신나게 노래를 부르고 있었습니다. 그런데 갑자기 교실에 큰 벌 한 마리가 윙윙대며 날아 들어왔습니다. 벌이 교실 앞에서 뒤로, 위에서 아래로 움직일 때마다 아이들은 우주 끝까지 날아갈 것처럼 소리를 질렀습니다.

한 명이라도 쏘이면 안 된다는 생각에 빗자루를 들고 허겁지겁 벌을 쫓아다녔습니다. 쫓기던 벌이 창틀에 앉자 재빨리 창문을 닫아 창문 사이 공간에 벌을 가뒀습니다. 그런데 가까이 다가가서 보니 벌이 아닌 아주 큰 왕파리였더군요. 한바탕 소동을 일으킨 게 겨우 파리였다니! 흥분된 마음이 가라앉기도 전에 아이들이 저를 불렀습니다.

"선생님, 우리 이 이야기 새알심 공책에 쓰면 안 돼요?"

"지금 음악 시간인데, 글을 쓰고 싶다고?"

"네~ 정말이요. 지금 쓰고 싶어요. 허락해 주세요."

"그러니? 쓰고 싶다면 한번 써 보렴."

이렇게 재미난 이야기는 꼭 글로 써야 한다며 애원하기에 음악 시간이지만 글쓰기를 허락했습니다. 그랬더니 교실 뒤편으로 우르르 몰려가 새알심 공책을 가져와 싱글벙글하며 글을 쓰기 시작했습니다.

왕파리 지휘자

박정서

교실에 갑자기 들어와
이리저리 날아다니는 파리
아이들은 꺅!
내가 가만히 있으면
조용!!!
어! 이건 말로만 듣던
지휘자

벌이 아닌 왕파리

김재현

뱅그르르 이리저리
휙휙
끼이야아악!
벌이다!
앗
잠깐 왕파리잖아?

다시는 못 오겠네

윤서원

실수로 3-4반에 들어왔네
친구들이 꽥꽥
귀가 아프네
그만 좀 소리지르지
벌인 줄 알고 움직일 때마다
소리지르네
다시는 못 오겠네

우리 반에 벌같은 파리가 들어왔다

임지은

윙윙윙윙윙윙
꺄아아악
잉이잉
무서워
가만, 파리는 이렇게
생각했을 거야

'아휴~
이 반은
산책은 도저히
안 되겠네'

지휘자가 된 왕파리 이야기, 친구들 비명에 혼비백산한 파리 이야기, 산책하는 파리 이야기 등 재미있는 이야기가 가득했습니다. 비록 표현은 투박하더라도 어느새 스스로 글을 쓰고 싶어 하는 아이들로 성장했다는 생각에 뿌듯했습니다. 지금도 빗자루를 들고 이리저리 쫓아다니는 제 모습을 떠올리면 우습지만, 신나는 얼굴로 글을 쓰던 아이들의 모습이 생각나 마음이 따뜻해지곤 합니다.

사실 글쓰기가 처음이라면 한 줄 쓰기도 어렵습니다. 한 번도 경험해 보지 않은 단어, 써 보지 못한 단어들이 있으니까요. 그럴 때는 부모님의 도움이 필요합니다. 그렇게 한 줄 한 줄 씁니다. 그러다 보면 아이의 생각이 자라고 마음이 자랍니다.

저도 1학년 아이들을 데리고 꾸준히 한 줄 한 줄 써 나갔습니다. 그 시간이 쌓이고 쌓여 아이들이 2학년이 될 즈음에는 두 줄, 세 줄도 곧잘 쓰게 되었습니다. 어떤 아이는 열 줄 이상을 쓰기도 하고요. 특히 저학년일 때 글로 표현하는 습관을 길러주면, 언제든지 자유롭게 글을 쓰고 싶어 하는 아이로 자라납니다. 물론 고학년이라도 작은 것부터 꾸준히 하면 충분히 글쓰기를 좋아할 수 있습니다.

글쓰기를 그렇게 싫어했던 아이들이 이젠 글쓰기가 가장 재미있는 시간이라는 것을 알게 되었다고 말합니다. 이렇게 작은 글쓰기의 힘은 위대합니다.

준비운동①
하루의 시작부터 가볍게 글쓰기 :
아침 칠판 편지

　교사로 부임하고 얼마 안 되었을 때는 학생들의 마음을 잘 헤아리지 못했습니다. 경력이 쌓이고 여유가 생기면서 여러 가지 이유로 스트레스받는 아이들 모습이 조금씩 보이기 시작하더군요. 그래서 아이들에게 조금이라도 도움 되는 게 뭘까 생각하다 '아침 칠판 편지'를 쓰게 되었습니다.

　아침 일찍 등교해서 학생들이 모인 교실에는 기분이 좋은 친구도 있지만, 그렇지 않은 친구도 있어서 크고 작은 문제가 발생하곤 합니다. 그래서 아침 첫 시간에 듣는 말이 중요하겠다는 생각이 들었고, 바른 인성 함양과 생활지도에 도움이 되는 이야기를 들려주기로 마음먹었습니다. 저희 반 아이들에게만큼은 지식을 가르치기에 앞서 삶의 가치와 방향을 가르쳐 주고 싶었거든요.

　'아침 칠판 편지'는 작게는 오늘 하루 어떻게 생활해야 할지 나침반 역할을 합니다. 계속 쌓이다 보면 인생의 가치관이 되기도 하겠지요. 아이들이 온종일 아침 칠판 편지를 볼 수 있도록 칠판 구석에 써 두었습니다(온라인 수업을 하던 시기에는 ppt 화면을 통해 공유했습니다).

 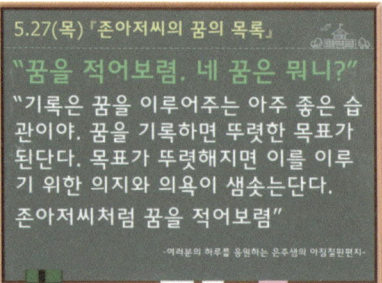

▲ 아침 칠판 편지

아무리 초등학생이라도 고학년이 되면 학업, 진학, 친구 관계 등 저학년 때는 잘 몰랐던 스트레스가 생깁니다. 나이가 어리면 어린 대로 짊어져야 할 삶의 무게가 있는 것이죠. 아침 편지는 그런 문제들 앞에서 삶의 목적과 이유를 가르쳐주는 역할을 합니다. 특히 코로나19로 인해 혼란스러웠던 시기에는 아이들이 아침 칠판 편지 덕분에 하루를 시작할 힘을 얻고, 공부할 이유를 알게 되어 큰 도움이 되었다고 말해 주었습니다.

짧은 한 줄의 편지에도 영향을 받는 아이들

저학년 때는 책을 잘 읽던 아이들이 고학년이 될수록 시간이 부족하다 보니 자연스럽게 독서와 멀어지기도 합니다. 그래서 때로는 아침 칠판 편지에 독서로 꿈을 이룬 사람들의 이야기를 써 줍니다. 예를 들어, 세계 최초로 샴쌍둥이 분리 수술에 성공한 의사 벤 카슨의 이야기입니다.

늘 꼴찌에다 바보라고 놀림 받던 소년 벤 카슨이 커서 최초로 샴쌍둥이 분리 수술에 성공하며 세계 최고의 신경외과 의사가 되었습니다. 벤 카슨은 어머니의 권유로 일주일에 두 권씩 책을 읽고 독후감을 쓰기 시작하면서 자신의 인생이 바뀌었다고 말합니다. 우리 친구들도 꾸준히 책을 읽으며 꿈을 이루는 사람이 되길 바랍니다.

아침 칠판 편지에 이런 이야기를 써 주면 아이들은 일 년 동안 불평하지 않고 책을 꾸준히 읽고 글도 열심히 씁니다. 이렇게 짧고 간단한 이야기에서도 동기를 얻어서 성장하는 아이들을 볼 때면 마음이 정말 흐뭇합니다.

어떤 날은 TV 프로그램 〈유 퀴즈 온 더 블록〉에 출연한 필적학자 구본진 씨가 "글씨 연습을 하면 내면이 바뀐다."라고 말한 것이 생각나 아침 칠판 편지에 적어주었습니다. 바른 글씨의 중요성을 이야기해 주고 싶어서요. 그랬더니 글씨를 휘휘 날려서 엉망으로 쓰던 아이가 글씨를 바르게 쓰려고 노력한다는 이야기를 아이의 부모님으로부터 전해 들었습니다. 그 이후에도 습관적으로 글씨를 막 쓰던 아이가 그 한 문장에 글씨를 바르게 쓰려고 노력하는 모습을 보고 감동했던 기억이 있습니다.

'말을 물가로 데려갈 수는 있어도 물을 억지로 마시게 할 수는 없다'라는 말이 있습니다. 부모는 항상 아이에게 많은 기회와 가능성을 열어주고 싶어 합니다. 아침 칠판 편지야말로 목마른 말이 물을 마시듯, 우리 아이 스스로 열심히 하고 싶은 마음이 들게 하는 신기한 묘약입니다.

은주쌤의 글쓰기 수업!

아침 칠판 편지 쓰기

❶ 아이에게 소개하고 싶은 문장을 만나면 틈틈이 수첩이나 핸드폰에 기록해 둡니다. 그리고 아이들의 발달 단계와 상황에 맞게 문장을 찾아 정리합니다.
❷ 화이트보드나 칠판을 준비하여 아이가 잘 볼 수 있는 곳에 걸어 둡니다.
❸ 그날그날 필요하다고 생각되는 문장을 칠판에 적어 줍니다. 아이들이 인상 깊게 느낀 문구가 있다면 대신 써 주어도 됩니다. 글씨는 최대한 또박또박 씁니다.
❹ 아이가 편지를 읽고 따라 쓰도록 도와줍니다.

※ 아침 편지에 써 주면 좋은 책

그동안 아이들에게 아침 칠판 편지를 써 주면서 반응이 좋았던 책들을 소개합니다. 저학년이라면 『꽃들에게 희망을』, 『너는 특별하단다』, 『강아지 똥』, 『나는 나의 주인』 같이 생각할 거리가 있는 그림책을 활용하면 좋습니다.

고학년이 되면 『아이의 공부 태도가 바뀌는 하루 한 줄 인문학』과 같은 공부법에 관한 책이나 『존 아저씨의 꿈의 목록』, 『데일 카네기 인간관계론』 등 꿈이나 자기 관리에 관한 실제적인 이야기도 반응이 좋습니다.

저희 반은 아침 활동 시간에 아침 편지를 함께 큰 소리로 읽고 공책에 따라 씁니다. 단순히 읽기만 할 때보다, 따라 쓰면서 문장의 의미를 더욱 깊이 생각해 볼 수 있습니다. 또 짧은 글을 매일 따라 쓰면서 쉽게 글 쓰는 습관을 기르고 글씨 쓰기 연습도 할 수 있습니다. 자연스럽게 효과적인 서술 방식과 문장의 구조 등도 익힐 수 있으니 '일석삼조'라고 할 수 있겠지요.

모든 학기가 끝나고 진급을 앞둔 아이들에게 가장 기억에 남은 활동이 무엇인지 물으니 아침 칠판 편지라고 대답합니다.

"공부하기 힘들었는데 아침 칠판 편지를 읽으니 힘이 났어요."

"친구와 좋지 않은 관계였는데 그 친구와 사이좋게 지내는 방법을 알았어요."

"꿈이 없었는데 저의 꿈에 대해서 생각해 보게 되었어요."

"세상에 공짜가 없다는 것을 알고 열심히 노력해야겠다고 생각했어요."

이처럼 아침 편지는 아이들이 자존감을 기르고, 공부할 이유를 찾고, 삶의 방향을 생각하게 해 줍니다.

우리 아이들이 배움을 즐겼으면 좋겠습니다. '배움'이란 결과를 내야 하는 목표가 아니라 과정이라는 사실을 깨달았으면 합니다. 세상의 모든 가능성이 아이들에게 열려있는데, 공부만이 인생의 전부라 생각하지는 않았으면 좋겠습니다. 인생의 가장 중요한 걸 놓치지 않고 행복하게 공부하기를 바라는 마음으로 오늘 아침도 아이들에게 편지를 씁니다.

☑ 준비운동②
부담스럽지 않게 짧은 글쓰기 :
포스트잇 글쓰기

　말을 유창하게 잘하고 이해력도 높은데, 글쓰기는 유난히 싫어하는 아이들이 있습니다. 모든 수업 시간의 반은 글을 쓰는 일인데, 글쓰기를 너무 싫어해서 수업도 재미없고 힘만 듭니다. 글쓰기를 싫어하는 아이들은 대부분 교과서가 새 책처럼 깨끗합니다.

　초등학생을 대상으로 진행한 쓰기 불안(글쓰기와 관련하여 발생하는 부정적 감정) 연구[3]에 따르면 쓰기 능력이 낮은 학생이 쓰기 능력이 높은 학생보다 쓰기 불안을 더 많이 느낀다고 합니다. 실제로 많은 아이가 쓰기 막힘(기본적인 쓰기 능력을 갖추었음에도 쓰기를 시작하지 못하거나 지속하지 못하는 상태)을 경험합니다. 이런 아이들은 자기 생각을 글로 표현할 때 시간이 많이 소요되고, 바르게 글 쓰는 것도 잘하지 못해서 고학년에 들어서 고치는 데 애를 많이 먹습니다.

　국내에서 최근 들어 본격적으로 연구가 진행되고 있는 '쓰기 막힘', '쓰기 멈춤'이라는 쓰기 장벽은 아이들이 숙련된 학습자가 되는 데 큰 방해물이 되고 있습니다. 이뿐만 아니라 쓰기 막힘은 부정적인 정서를 수반하여 아이들의

---

[3] 이진희&전제응, "초등학생의 쓰기 불안에 관한 연구(1)", *한국초등교육* 23권, 4호 (2012): 268–282.

학습 의욕을 떨어트리기도 합니다.

이런 쓰기 막힘은 왜 발생하는 걸까요? 요즘 아이들은 배울 게 많다 보니 상대적으로 글을 쓰는 시간이 줄어들었습니다. 글쓰기에 노출되는 일이 적다 보니, 글쓰기가 부담될 수밖에 없습니다. 그렇다고 무작정 글쓰기 시간을 늘린다고 해서 실력이 향상되는 것도 아닙니다. 그보다 더 중요한 것은 조금씩이라도 매일 꾸준히 쓰는 일입니다. 이에 가장 효과적인 방법이 포스트잇 글쓰기입니다.

포스트잇은 크기가 작아서 글을 짧게 써도 되기 때문에 부담을 덜 수 있습니다. 그래서인지 평소 글쓰기를 싫어하거나 어려워하는 아이들도 잘 참여합니다.

저희 반에서는 가끔 글쓰기 숙제를 내주곤 합니다. 주말을 지낸 이야기를 일기로 써 오라고 하면 아이들은 '에~~' 하며 대번에 난색을 보입니다. 그런데 "이 포스트잇 1장에 써 오는 거야."라고 말하면 "정말요? 그 정도는 쓸 수 있어요.", "그것쯤이야 누워서 떡 먹기죠." 하면서 즐겁게 글을 써서 냅니다. 어떤 친구는 포스트잇 두 장을 이어 길게 써서 내기도 합니다.

글이 짧아도 괜찮습니다. 중요한 것은 쓴다는 행위입니다. 포스트잇에 한두 번 짧게 쓰다 보면 아이들은 글쓰기가 쉽다고 생각합니다. 복잡한 과정이나 거창한 형식이 필요하지 않아서 거부감 없이 자연스럽게 글쓰기 습관이 만들어집니다.

포스트잇 글쓰기의 또 다른 장점은 바람처럼 지나가는 생각을 놓치지 않고 글로 남길 수 있다는 것입니다. 그때그때 떠오르는 생각이나 감정을 글로 적기 시작하면, 운동으로 근육을 단련하듯 글쓰기 근육이 탄탄해집니다.

포스트잇 글쓰기는 다양한 상황에도 활용 가능합니다. 토론 시간에 아이들의 의견을 모을 때, 학급의 규칙과 비전을 정할 때, 책을 읽고 친구들과 느낌을 나눌 때 등 다양한 주제에 적용할 수 있어서 유용합니다. 뒤이어 소개할 1줄 감사 쓰기, 1줄 미덕 칭찬 쓰기, 이심전심 책 문장 베껴 쓰기에도 적용할 수 있습니다.

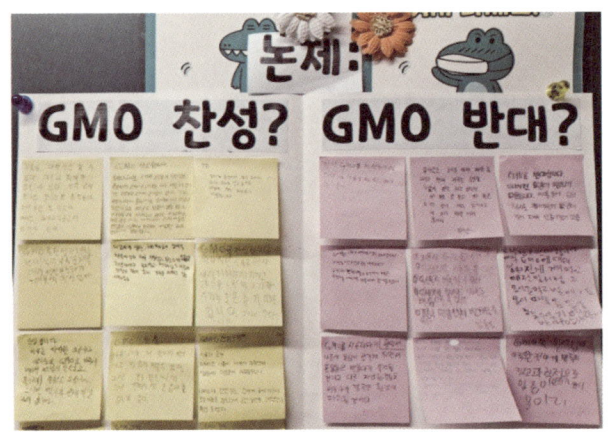

▲ GMO 식품 찬반 토론 포스트잇 글쓰기

포스트잇에 쓴 글은 항상 잘 보이는 곳에 게시합니다. 그러면 아이들은 포스트잇을 한 번이라도 더 읽습니다. 친구들의 다양한 생각을 한눈에 파악할 수 있어서 생각의 확장도 잘 이루어집니다. 자신의 글이 게시되었다는 성취감과 뿌듯함도 느낄 수 있고요.

제가 초등학생이었을 때 열심히 그린 그림이 게시판에 걸리지 않아서 실망했던 기억이 있습니다. 그때의 속상했던 마음을 떠올리면 아이들의 마음도 다르지 않겠다고 헤아리게 됩니다. 아이들은 자신이 무언가 열심히 하면 다른 사람이 주목을 해 주길 바랍니다. 아주 탁월하게 잘하지 못했더라도 자기가 한 만큼 인정받기를 원하죠. 어른이 볼 때 눈에 안 차더라도 인정해 준다면 아이는 좀 더 열심히 할 마음을 먹습니다. 그렇게 한 문장, 두 문장 힘을 내어 쓰다 보면 글을 잘 쓰는 아이가 됩니다. 그래서 저희 교실에서는 아무리 서툰 글이더라도 전부 게시합니다. 아이들은 이제 막 글쓰기 걸음마를 한 걸음, 두 걸음 시작했다는 걸 잊지 말아야 합니다.

은주쌤의 글쓰기 수업!

포스트잇 자유 글쓰기

　미술 시간에 아이들에게 그리고 싶은 것을 자유롭게 그리라고 하면 좋아할 것 같지만 사실은 무척 어려워합니다. 뭘 그려야 할지조차 모르기 때문이죠. 고민만 하다 시간이 다 지나갑니다. 그래서 주제를 정해주는 게 좋습니다.
　글쓰기도 마찬가지입니다. 처음에는 무작정 쓰고 싶은 걸 쓰라고 하는 것보다, 아이들이 좋아하는 것을 주제로 제안하면 금세 집중해서 글을 씁니다.

❶ 아이가 좋아하는 단어를 말해 주거나 지금 생각나는 단어를 말해 보라고 한 다음, 그중에 한 단어를 고릅니다. 좋아하는 음식, 계절, 사람 등 큰 주제를 던져 주고 그중 한 단어를 골라 보라고 해도 좋습니다.
❷ 고른 단어를 포함해서 포스트잇을 꽉 채워서 글을 씁니다. 공간이 남으면 글과 어울리는 간단한 그림을 그려도 좋습니다.
❸ 다 쓴 글은 잘 보이는 곳에 게시합니다.

준비운동③
올바른 인성을 기르는 마법의 글쓰기 : 1줄 감사 쓰기

2021년에 실시한 한국 어린이·청소년 행복지수 조사[4]에 따르면 한국 어린이와 청소년의 주관적 행복지수는 OECD 22개 국가 중 최하위인 22위를 기록했습니다. 2009년 조사를 시작한 이래 하위권을 벗어나지 못하는 이유가 무엇일까요?

조사 결과에 의하면 아이들은 좋아하는 일을 실컷 할 수 있을 때 행복을 느끼는데, 좋아하지는 않지만 해야만 하는 일인 공부에 대한 부담과 성적 압박 때문에 불행함을 느낀다고 합니다.

언제쯤 아이들의 행복지수가 오를까요? 언제쯤 우리 아이들이 좋아하는 일을 실컷 할 수 있는 환경이 만들어질까요? 사실 교육 환경을 한순간에 바꾸기란 어려운 일입니다. 그렇다면 아이들이 삶을 대하는 태도를 바꿀 수 있도록 도와주는 건 어떨까요? 그것은 감사하는 습관에서 시작할 수 있습니다.

"이 세상에 존재하는 모든 사람, 장소, 사물, 생각, 사건들은 당신이 꿈꾸는 완전한 삶을 이루는 데 꼭 필요한 부분들이다. 역경 속에는 반드시 숨겨

---

[4] 연세대학교 사회발전연구소. *한국 어린이·청소년 행복지수 국제비교연구조사결과보고서*. 서울 : 한국방정환재단, 2021.

진 축복이 깃들어 있고 일보 후퇴는 새로운 도약을 위한 준비이다. 이것이 바로 감사이다."

-『감사의 효과』(존 디마티니 지음, 비전코리아, 2008)

『감사의 효과』의 저자인 존 디마티니는 이 세상에 존재하는 모든 것이 삶에 꼭 필요한 부분이라고 말합니다. 그래서 실패할 때, 힘들 때조차도 감사함을 찾을 수 있습니다.

우리 아이들이 사소한 것에서부터 아름다움을 찾고 감사하며 행복한 사람이 되었으면 했습니다. 그래서 시작한 것이 '1줄 감사 쓰기'입니다. 감사 쓰기를 시작한 이후 교실 내 다툼도 많이 줄어들었습니다. 가만 살펴보니 아이들의 말 습관이 바뀌었더군요. 조금 언쟁을 하다가도 "ㅇㅇ야, 감사해야지. 감사하면 돼."라며 서로 감사로 마무리하는 것이었습니다.

1학년 아이들은 감사한 것을 문장으로 옮기기 어려워서 부모님의 도움을 받았습니다. 알림장을 검사하는 시간에 하루를 돌아보며 아이와 함께 감사 쓰기를 하도록 요청드렸습니다. 그랬더니 엄마가 맛있는 음식을 만들어 주신 것, 부모님이 용돈을 주신 것, 아빠가 학교에 자동차로 태워다 주신 것, 가족과 수영장에 다녀온 것 등 아주 사소한 일에도 아이가 감사해한다면서 자녀와 관계가 더 좋아졌다는 이야기를 종종 듣게 되었습니다.

학교에서 강낭콩을 볼 수 있어서 감사, 맛있는 저녁 식사에 감사해요.	울진까지 갈 수 있게 운전하신 아빠께 감사합니다.
만나분식에서 떡을 사서 먹을 수 있는 돈을 주셔서 감사합니다.	엄마가 시계를 보여 주어 몇 시인 줄 알게 해 주셔서 감사합니다.

감사 쓰기의 또 다른 효과는 관찰하는 아이들이 되었다는 점입니다. 평범한 일상 속에서 감사할 거리를 찾기 시작했습니다. 시원하게 내리는 비도 감사, 나무가 잘 자라는 것도 감사, 어제보다 덥지 않은 오늘 날씨에 감사, 더운 날 마실 수 있는 시원한 물도 감사. 사소한 일상이 감사가 되는 아이들의 모습을 보았습니다. 아이들이 매일 감사를 입에 달고 사니 가르치는 저도 기쁘고 행복했던 기억이 납니다.

 고학년은 1줄 감사 쓰기를 확장해서 감사 일기를 쓰도록 했습니다. 하루 동안 감사했던 일들을 매일 일기 형식으로 써 보는 것이었습니다. 코로나19로 인해 혼란스러웠던 시기에도 감사 일기는 아이들에게 큰 힘이 되어주었습니다. 갑자기 변한 학업 환경에 적응하며 공부하는 게 힘들 수밖에 없었지만, 그런 상황 속에서도 꾸준히 감사 일기를 쓰면서 아이가 감사의 조건을 찾고 하루하루 잘 생활할 수 있었다는 학부모님의 이야기를 듣기도 했습니다.

 아이들에게 감사를 가르치려면 사실 부모님부터 감사하는 삶을 살아야 합니다. 현대인은 너무 바쁩니다. 아침 일찍 급하게 밥을 먹고, 서둘러 집을 나섭니다. 길을 걷다 보면 화가 난듯한 표정으로 어디론가 바삐 향하는 사람들을 마주칩니다. 물론 저마다 힘든 일도 있고, 잘 풀리지 않아 속상한 일도 있겠지요. 그러나 무심코 내뱉은 세상과 사람을 향한 짜증이 가득한 말은 아이들에게까지 고스란히 전달됩니다. 부모님이 사소한 것에서부터 아름다움을 발견하겠다고 마음을 정하는 것은 매우 중요한 일입니다. 의식적으로 삶의 곳곳에 숨겨진 아름다움을 발견하고, 인생의 여정을 즐기기로 마음먹는다면 우리 아이들도 놀랍게 변화될 거예요.

모든 부모는 자녀가 행복하길 바랍니다. 우리 아이들이 더 행복하게, 그 행복을 지속할 수 있게 도와주는 방법은 감사하는 습관을 지니게 하는 것입니다. 감사는 입으로 표현하고 글로 쓰면서 습관이 됩니다. 그러려면 매일 매일의 꾸준함이 뒷받침되어야 합니다.

은주쌤의 글쓰기 수업!

1줄 감사 쓰기

❶ 하루를 돌아보는 시간(취침 전, 저녁 식사 후 등)을 갖습니다.
- ✔ 먼 과거, 미래가 아닌 현재의 일에 감사하도록 합니다.
- ✔ 오늘 하루 중 가장 기뻤거나, 즐거웠던 일을 떠올립니다.
- ✔ 잘 기억이 안 날 때는 오감(본 것, 들은 것, 냄새 맡은 것, 먹은 것, 만진 것 등)을 이용해서 오늘 하루 경험한 것들을 돌아봅니다.

❷ 공책에 감사한 내용을 씁니다.
- ✔ 1가지라도 매일 쓰고, 습관이 되면 3~5개로 양을 늘립니다.
- ✔ 저학년은 "오늘 하루 ~해서 감사합니다."라는 문장으로 감사 쓰기를 연습합니다.
- ✔ 고학년은 사건만 나열하지 말고 왜, 어떻게 감사한지 구체적으로 쓰도록 합니다.

준비운동④
아이의 자존감을 채워주는 글쓰기 :
1줄 미덕 칭찬 쓰기

아이들과 함께하는 수업은 정말 즐겁습니다. 조그만 일에도 배꼽 잡으며 웃고, 별것 아닌 일에도 쉽사리 감동하고, 서로 발표하겠다고 "저요, 저요!" 하고, 못하면 아쉬워하는 아이들. 보고만 있어도 미소가 절로 지어집니다.

첫 발령 받은 지가 엊그제 같은데 벌써 32년이 흘렀습니다. 그동안 재미있는 수업이 많았지만, 아이들이 행복했던 수업 한 가지를 꼽으라고 한다면 도덕 시간의 '나와 친구의 장점을 찾아 칭찬해 주기' 수업입니다.

이 수업은 나와 친구가 잘하는 걸 찾아보고, 서로의 칭찬 나무에 칭찬 딱지를 붙여주는 활동입니다. 아이들이 특히나 이 수업을 즐거워했던 이유는 다른 친구를 칭찬하는 것이 즐겁고, 무엇보다 자신이 칭찬받아서 즐거웠기 때문일 겁니다.

아이들이 제게도 칭찬 딱지 1장을 붙여주었습니다. '점심을 남기지 않고 골고루 잘 먹는다'라는 이유였습니다. 그 칭찬이 마음에 참 오래 남아 기분 좋았던 기억이 납니다. 저도 이런데 하물며 아이들의 마음이야 어떨까 싶어요. 그 많은 칭찬을 받았으니까요.

아이들에게 친구를 칭찬해보라고 하면 표현이 제한적입니다. '밥을 잘 먹는다', '그림을 잘 그린다', '축구를 잘한다', '노래를 잘 부른다' 등 보이는 부분만 칭찬하기 쉽습니다. 하지만 정말 좋은 칭찬은 친구의 내면을 칭찬하는 것이 아닐까 생각합니다.

　2015 개정 교육과정 총론 해설에는 '학교에서는 학생들이 자존감과 자신감을 높이고, 긍정적인 자아정체성을 형성할 수 있는 적절한 교육의 기회를 제공해주어야 한다'라는 내용이 실려 있습니다. 이러한 자존감과 자신감, 긍정적인 자아정체성을 형성하는 데 '미덕 칭찬 쓰기'가 매우 효과적이었습니다.
　미덕 칭찬 글쓰기를 시작하고 나서 미덕을 자기 행동과 연관 지어 실천하는 친구들이 늘었습니다. 또, 자신뿐만 아니라 친구들의 미덕을 발견하고 칭찬해 주는 아름다운 모습도 볼 수 있었습니다.
　체육 수업 시간에 이어달리기를 하게 되었는데 한 아이가 달리다가 배턴을 떨어트렸습니다. 열심히 달려도 따라잡기 힘든 상황이었는데 배턴까지 떨어트려서 더 뒤처지게 되었습니다. 그런데 체육 수업 후 미덕 칭찬 쓰기 시간에 아이들이 "ㅇㅇ이가 배턴을 떨어트렸는데 당황하지 않고 끝까지 잘 달렸다."라고 칭찬해 주는 것이었습니다. 친구의 실수에 관용을 베풀고, 나 자신의 실수에도 편안해하는 아이들 모습에 참 감사한 시간이었습니다.

　'미덕 칭찬 쓰기'는 '버츄프로젝트'를 활용한 활동입니다. 버츄프로젝트란 미국에서 개발한 인성교육 프로그램입니다. 이 프로그램에서는 아이들을 미숙한 존재로 보는 것이 아니라, 이미 미덕이 내재되어 있는 존재로 바라봅니다. 미덕을 보석에 비유하여, 마음속에 숨겨진 보석(미덕)을 찾아 깨운다는 개념입니다. 여기서 말하는 미덕이란 감사, 기쁘함, 배려, 부지런함, 사랑, 예의, 용기, 정직 등의 인류 보편적인 정신적 가치를 말합니다. 수많은 미덕 중 52가지를 선별하여 다루고 있습니다.

감사	신뢰	용기
겸손	배려	협동
기뻐함	봉사	인내
끈기	정돈	열정
너그러움	정직	용서
도움	진실함	책임감
사랑	예의	친절

▲ 한국버츄프로젝트 52가지 미덕 목록 중 21가지

 이 버츄프로젝트를 활용한 '미덕 칭찬 쓰기'는 52가지 미덕 중 자신이 실천하고 싶은 미덕을 생활에서 실천하고, 실천한 자신 또는 친구를 칭찬하는 활동입니다. 52가지 미덕 중 아이들이 실천할 수 있는 미덕들을 고르고 각각의 의미를 설명해 줍니다. 특히 저학년의 경우 각 미덕의 뜻을 잘 이해하기 어려우므로 반복적으로 설명해 주는 것이 좋습니다. 미덕을 실천한 친구의 말이나 행동을 예시로 들어 알려주면 좀 더 쉽게 이해합니다. 고학년의 경우 책을 읽을 때 미덕과 관련된 문장을 찾게 하는 것도 도움이 됩니다.

은주쌤의 글쓰기 수업!

미덕 칭찬 쓰기

❶ 여러 가지 미덕 중에서 아이들이 실천할 수 있는 것들을 고르고, 뜻을 알려줍니다.
  ✓ 학년 및 아이의 수준에 따라 미덕의 종류를 정할 수 있습니다.
  ✓ 미덕과 그 뜻을 하루에 1가지씩 쓰고 배웁니다.
  ✓ 저학년은 뜻을 쉽고 간단하게 쓰고, 고학년은 더 생각할 수 있도록 자세히 쓰면 도움이 됩니다.
❷ 매일 아침, 내가 오늘 하루 실천해 보고 싶은 미덕을 생각합니다.
  ✓ 매일 아침마다 미덕이 적힌 막대를 제비뽑아서 오늘 하루 실천할 미덕을 고를 수도 있습니다.
❸ 하루 동안 내가 실천한 미덕을 쓰고, 어떻게 실천했는지 구체적으로 적습니다.
  ✓ 저학년의 경우 1줄 쓰기 형식, 고학년의 경우 일기 형식으로 쓰면 좋습니다.
  ✓ 오늘 하루 미덕을 실천하지 않았으면 친구가 실천한 미덕을 칭찬해 주는 내용을 씁니다.
  ✓ 책을 읽고 미덕이 드러난 문장을 써도 좋습니다.

끈기 : 복싱을 끈기 있게 연습해서 실력이 좋아졌다.

봉사 : 누가 시키지도 않았는데 아침에 우유 상자를 가지고 왔다. 마음이 뿌듯했다.

기뻐함 : 수학 나눗셈 문제를 풀었는데, 생각보다 덜 틀려서 너무 기쁘다.

인내 : 체육 시간에 탁구를 했다. 잘 안 돼서 짜증이 났는데 인내심을 갖고 해보니 공을 3번이나 칠 수 있었다.

도움 : 엄마가 부침개 요리를 할 때 만드는 것을 도와드렸다.

사랑 : 엄마가 아침마다 하는 따스한 한마디에 사랑이 느껴진다.

미덕 칭찬 시 쓰기

미덕을 꾸준히 실천하고 글로 쓰다 보면, 자연스럽게 자신을 긍정적으로 생각하고 수용하는 마음이 생깁니다. 스스로 자신의 좋은 점을 발견하고 칭찬하면서 자존감이 향상되는 선순환이 이루어집니다.

1줄 미덕 칭찬 쓰기를 확장하여 시를 써 보았습니다. 자신 안에 있는 미덕을 찾고 스스로 칭찬하는 시간이었습니다.

내 마음의 보석 창의성

김지우

난 상상을 잘해
아무리 흔한 걸로도 멋진 걸
생각해 내
예를 들면 하늘+별사탕=사탕별
내 곁의 사람들이
내가 만든 이야기를 듣고
웃으면 좋겠어

내 마음의 보석 기쁨

공도윤

나는 늘 기뻐해
아무리 힘들어도 더 노력하면
힘든 걸 이겨낼 수 있어
그래서 좋은 말을 해
무서운 생각이 들 때
엄마는 일어나지도 않은 일을
생각하지 말랬어
그럼 모든 일이 잘 풀려
나는 내 곁에 있는 사람들과
싸우지 않았으면 좋겠어

내 마음의 보석 감사

장주희

나는 항상 감사해
밥이 맛없어도 감사
100점이 안 나와도 감사
혼나도 감사
나는 항상 감사해
계속… 맨날…
항상 웃기 때문이야

내 마음의 보석 예의

권지율

나는 늘 어른들에게 인사를 드려
힘들고 피곤해도 인사를 하면
난 행복해
그래서 난 항상 인사를 해
계속 어른들과 인사를 주고받으면
더 가까워져
나는 내가 하는 인사를 받고
어른들께서 좋아하시면 좋겠어

  미덕 칭찬 글쓰기는 우리 아이 속에 빛나는 또 다른 보석을 찾게 하는 마법의 글쓰기입니다.

준비운동⑤
숨겨진 마음을 표현하는 글쓰기 :
이심전심 책 문장 베껴 쓰기

책을 읽다 보면 감동되는 문장을 만납니다. 이때 그냥 읽고 끝내면 나중에 잘 기억나지 않지만, 그 문장을 되뇌며 정성껏 옮겨 쓰다 보면 좋은 표현법이 담긴 문장을 감각적으로 체득하게 됩니다. 그러면서 효과적인 서술 방식과 단락 등을 자연스럽게 익힐 수 있습니다.

그렇다면 어떻게 베껴 써야 할까요? 좋은 책을 처음부터 끝까지 다 베껴 써야 할까요? 그러면 베껴야 할 양이 어마어마할 겁니다. 아이들한테 책을 다 베껴 쓰라고 하면 아예 연필을 잡으려 하지도 않을 거고요.

그래서 다산 정약용의 '초서법(書法)'을 활용합니다. 『선비들의 평생 공부법』(이랑, 2013)의 저자 김병완은 조선 최고의 지식 경영자인 다산 정약용이 유배지에서 18년 동안 500여 권의 책을 저술한 비법이 '초서법(書法)'이라 말합니다.

초서법은 처음부터 끝까지 전부를 베껴 쓰는 '필사'가 아닌, 중요한 내용만을 골라 뽑아서 기록하는 방법입니다. 막 책을 읽기 시작한 아이들은 어떤 글이 좋은 문장인지 잘 모릅니다. 그러나 더 마음에 와닿거나 기억에 남는 문장은 분명 있을 것입니다. 이를 활용하면 됩니다.

아이들이 베껴 쓰기를 놀이처럼 재미있게 할 수 있도록 한 가지 활동을 고안했습니다. 저희 반은 한 학기에 한 권씩 책을 정해서 반 전체가 함께 읽는 '온 책 읽기' 활동을 합니다. 이때 아이들에게는 책을 읽다가 감명 깊은 문장이 나오면 표시해 두라고 합니다. 책을 다 읽고 나면 몇 쪽에서 몇 쪽까지 범위를 정해준 다음, 그중 가장 기억에 남고 마음에 와닿은 문장을 종이에 써서 '이심전심 문장 찾기' 통에 넣으라고 합니다. 반 아이들 모두가 '이심전심 문장'을 써서 넣으면, 함께 쪽지를 확인하는 시간을 가집니다. 쪽지를 하나씩 펼쳐 보며 선생님과 같은 문장을 쓴 친구들, 또는 서로 같은 문장을 쓴 친구들, 가장 많이 나온 문장을 쓴 친구들을 찾아보고 선물을 주기도 합니다. 아이들은 서로 베껴 쓴 문장을 확인하면서 책 내용을 되새기고, 마음이 통하는 지점을 발견합니다.

▲ 이심전심 문장 찾기 활동

은주쌤의 글쓰기 수업!

이심전심 책 문장 베껴 쓰기

❶ 아이 수준에 맞는 또는 아이가 좋아하는 책 1권을 준비합니다.
❷ 아이와 소리 내어 천천히 읽어봅니다. 잘 모르겠으면 다시 읽어도 괜찮습니다.
❸ 다 읽고 나서 베껴 쓰고 싶은 문장을 하나 골라서 포스트잇 또는 작은 종이에 베껴 씁니다. 부모님도 기억에 남는 문장을 베껴 씁니다.
❹ 베껴 쓴 문장을 같이 읽어봅니다.
❺ 베껴 쓴 문장과 그 문장을 고른 이유를 이야기합니다. 서로 같은 문장을 쓴 경우 감정의 결이 같을 때가 많습니다. 서로의 감정을 이해하고 공감하는 시간이 될 것입니다.

아이들은 자신의 문장이 뽑히면 좋아합니다. 또는 자신이 쓴 문장과 친구가 쓴 문장이 같을 때 감정을 공유하며 유대감을 느끼기도 합니다. 왜 그 문장을 적었는지 이유를 서로 이야기하면서 친구들의 마음을 느끼고 이해할 수 있어서 반응이 좋았던 활동입니다. 간단한 독후 활동도 하면서 부담되지 않고 재미있는 글쓰기, 나 자신과 친구의 마음을 자연스럽게 들여다볼 수 있는 글쓰기에는 이보다 더 좋은 활동이 없는 것 같습니다.

베껴 쓴 문장을 통해 아이들의 숨겨진 마음을 발견하기도 합니다. 『샘마을 몽당깨비』(황선미 지음, 창비, 2013) 중 한 부분이 6학년 1학기 국어 교과서에 나옵니다. 6학년 아이들과 책 내용을 주제로 토론도 많이 하고 연극 활동도 즐겁게 해서 여운이 많이 남는 책입니다. 이 책으로 베껴 쓰기 활동을 했을 때 아이들이 뽑은 문장 중 가장 많았던 것은 "나를 두고 혼자 가지 않을 거지?"였습니다. 혼자 남아 있어야 하는 주인공의 외로움을 아이들도 같이 느꼈나 봅니다.

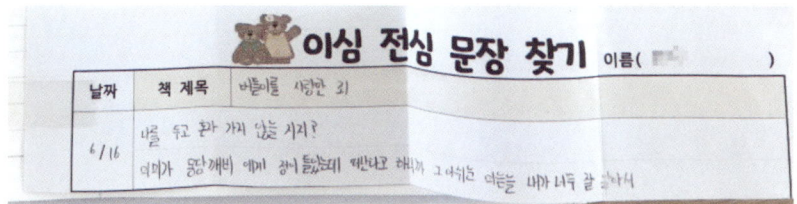

　이렇게 책을 읽고 마음에 와닿는 문장을 뽑으면서 아이들은 주인공과 같은 마음을 가졌던 기억을 떠올립니다. 그러면서 자신의 마음과 생각을 조금씩 만나게 됩니다. 또, 베껴 쓴 문장을 통해 다른 사람의 마음을 헤아리고 공감하게 됩니다. 선생님이 읽어주는 문장을 들으면서 '선생님은 무슨 생각을 할까?', '우리 반 친구는 무슨 마음일까?' 생각하게 되고 생각의 폭이 넓어집니다.

　문장 베껴 쓰기는 공책에 날짜별로 구분해서 적어도 됩니다. 책을 한 권 읽을 때마다 책 문장 베껴 쓰기를 하다 보면 아이의 성취감이 높아질 것입니다. 또한, 미처 깨닫지 못했던 아이의 감정과 생각의 역사를 만날 수도 있습니다. 아이 스스로는 자신이 쓴 글을 다시 읽으면서 복습할 수 있습니다. 중요한 것은 한 줄이더라도 꾸준히 베껴 쓰는 것입니다.

은주쌤의 글쓰기 교육 TIP

맞춤법, 띄어쓰기 지적은 잠시만 참아 주세요

　아이가 걸음마를 합니다. 넘어지고, 일어서고…. 부모는 안타까운 심정으로 바라보기만 합니다. 또다시 넘어지고, 일어서고 하다가 이내 잘 걸을 것을 아니까요. 애쓰는 아이에게 "너 이렇게 걸어, 그게 아니라 오른발을 이렇게 내밀고, 그다음 왼발…."이라고 평가하고 조언하지 않습니다.

　맞춤법이나 띄어쓰기를 처음 배울 시기에는 잘한 것은 칭찬하고, 못하는 것은 넘어가야 합니다. 지금 맞춤법과 띄어쓰기를 잘 모르면 어떤가요. 나중에는 다 잘하게 됩니다. 아이가 글을 즐겨 쓰게 하기 위해서는 지적하고 싶은 마음을 잠시 참아야 합니다. 특히 창작 글쓰기를 할 때 맞춤법이나 띄어쓰기를 너무 신경 쓰다 보면 자기 생각을 자유롭게 표현하기 어렵습니다. 제 경험상으로도 못한 걸 고쳐 주고 단점을 가르쳐 주면 잘하게 될 것 같은데 반드시 그렇지는 않더라고요. 조금 못했더라도 잘한 부분을 찾아 칭찬해 주면 아이들은 신이 나서 더 글을 잘 쓸 수 있습니다. 단 한 번의 칭찬이더라도 아이들은 평생 기억한답니다.

　아이가 맞춤법과 띄어쓰기에 익숙해지면 그때는 자주 틀리는 부분을 고쳐 줄 필요도 있습니다. 대신 그때는 함께 이야기 나누면서 아이 손으로 직접 고치게 합니다. 또는 아이가 쓴 글이 아닌 비슷하게 쓴 다른 사람의 글로 예를 들어 고치는 게 좋습니다.

맞춤법과 띄어쓰기를 배우기 시작할 때 도움이 되는 간단한 책 읽기 방법을 몇 가지 소개합니다.

❶ **손가락으로 글자를 짚어가며 읽기**

　책을 눈으로만 읽지 말고 손가락으로 한 글자 한 글자 짚어가며 읽으면 띄어쓰기에 유의하여 더 또박또박 읽을 수 있습니다.

❷ **연필 끝으로 글자를 짚어가며 읽기**

　손가락이 짧아서 짚어가며 읽을 때 어려워한다면 연필을 반대로 돌려 잡고 꽁무니로 글자 하나하나를 짚어가며 읽습니다.

❸ **책 위에 미농지 대고 읽으면서 어려운 글자 따라 쓰기**

　반투명한 종이인 미농지(트레이싱 페이퍼)를 적당한 크기로 잘라서 움직이지 않도록 책 위에 테이프로 고정한 후 책을 읽습니다. 익숙하지 않은 글자나 복잡한 글자가 나오면 미농지 위에 연필로 따라 쓰면서 익힙니다.

4장

일상을 관찰하고 탐구하는 창의 글쓰기

✅ 이미 창의적인 아이들

세계경제포럼에서 미래 인재가 갖춰야 할 핵심 역량 10가지를 발표했는데, 1~3위가 복합적 문제해결 능력, 비판적 사고, 창의력이었습니다. 정답을 암기하여 짧은 시간 안에 많은 문제를 푸는 능력보다, 정답이 없는 문제에 창의적인 시각으로 접근하여 가장 적합한 해답을 찾아 나가는 능력이 더욱 중요해지고 있다는 겁니다.

2022 개정 교육과정이 추구하는 인간상 중 하나가 '창의적인 사람'입니다. 창의적인 사람은 '폭넓은 기초 능력을 바탕으로 진취적 발상과 도전을 통해 새로운 가치를 창출하는 사람'입니다. 창의적인 사람이야말로 이 시대가 절실하게 필요로 하는 인재인 것입니다.

국립국어원 표준국어대사전에서는 창의성을 '새로운 것을 생각해 내는 특성'이라고 정의하고 있습니다. 그런 점에서 글쓰기는 창의성을 키우는 데 효과적이라 할 수 있습니다. 언어라는 제한된 구성요소로 방대한 생각을 표현하는 과정을 통해, 언어의 창의성이 크게 성장하기 때문입니다.

언어 영역 중에서도 '읽기'와 '듣기'보다 '말하기'와 '쓰기'를 할 때 창의력과 사고력이 더 많이 요구됩니다. 특히 글쓰기를 통한 창의성 기르기는 '생각'이라는 재료를 가지고, '글'이란 결과물로 바로 표현된다는 점에서 가장 쉽고 정확한 훈련방법이라고 할 수 있습니다.

사실 아이들은 이미 창의성을 가지고 있습니다. 어리면 어릴수록 더 창의적입니다. 성공에 대한 보상이나 실패에 대한 처벌을 받아본 경험이 적을수록 제약 없이 순수하게 표현하기 때문입니다. 아이의 실패를 너그러이 받아들이는 환경에서 창의성은 더 많이 발현됩니다. 그러므로 아이가 어릴 때부터 창의적인 생각을 글로 자유롭게 표현해보는 경험이 중요합니다.

교실에서 말수가 적고 눈에 잘 띄지 않는 조용한 아이들이 있습니다. 한해가 다 지나도록 몇 마디를 듣기가 어렵습니다. 급한 용건이 있을 때, 제 귓가에다 속삭이듯 말하는 게 전부입니다. 발표도 잘 하지 않아서 머릿속 생각을 좀처럼 듣기가 어렵습니다. 그런데 글쓰기를 시작하면서 조용한 아이들의 풍부한 생각과 감성을 발견하고 깜짝 놀랐습니다. 쓰지 않았더라면 미처 몰랐을 보물 같은 생각들을 발견할 때마다 글쓰기의 가치를 되새기곤 합니다.

자, 이제부터 글쓰기를 통해 아이들이 이미 가지고 있는 창의성을 밖으로 끄집어내 봅시다.

✅ 글쓰기 습관을 만들기 위한 준비

하루 10분만 꾸준히!

　우리 아이가 어떤 사람으로 성장하기를 바라시나요? '자기 관리 잘하고, 공부 잘하고, 창의적으로 문제를 해결하고, 친구들과 잘 지내고, 언제나 즐겁고 행복한 아이'가 되기를 바랄 겁니다. 저는 이에 대한 해답이 글쓰기에 있다고 생각합니다.

　아이들은 글을 쓰면서 미처 깨닫지 못했던 자신의 감정을 깨닫고, 다른 사람의 글을 통해 타인을 이해하기도 합니다. 그래서 글쓰기를 잘하는 친구는 정서적으로 안정되어 있고 친구 관계도 좋은 편입니다. 책이 사람을 만든다면, 글쓰기는 균형 잡힌 내면을 만듭니다.

　글쓰기 습관은 하루아침에 생기지 않습니다. 조금씩이라도 꾸준히 해야 합니다. 그러나 요즘 아이들은 이것저것 하는 일이 많아서 시간이 부족하므로 글쓰기에 많은 시간을 투자하기 어렵습니다. 그래서 하루 10분입니다. 하루 10분이더라도 쌓이고 쌓이면 아이들은 커다란 변화를 경험합니다. 초등학생에게 10분이라는 시간은 길지도 짧지도 않은 시간입니다. 매일 10분 동안 글을 쓴다는 것이 아이들에게 너무 어려운 일이 아닌지 생각하실 수도 있습니다. 그러나 다년간의 경험상 습관만 잡아 주면 아이들은 모두 거뜬하게 해내었습니다. 그렇다고 처음부터 너무 많은 걸 요구해서는 안 됩니다.

문자를 처음 배울 때는 보이는 대로 따라서 쓰면 되었습니다. 하지만 글쓰기는 스스로 자기 생각을 정리해서 써야 합니다. 남이 대신해서 해줄 수 없는 게 글쓰기입니다. 그래서 더 어렵고 부담스러운 일이기도 합니다. 천천히, 그러나 꾸준히 글을 쓸 수 있도록 어른이 도와줘야 합니다.

저희 반은 아침에 10분 정도 글쓰기 시간을 가집니다. 그날그날 새로운 주제를 제시해줍니다. 때로 시간이 많이 남을 때에 쓰기도 하지만 주로 아침에 씁니다. '안 바쁠 때 써야지' 하고 자꾸 미루다 보면 결국 안 쓰게 되니까요. 그래서 글쓰기는 남는 시간에 하는 것이 아니라 시간을 정해놓고 지키는 것이 좋습니다. 가정에서는 아이들이 피곤하지 않은 시간에 하는 게 좋습니다. 피곤하면 생각이라는 것을 하기도 어려우니까요. 글쓰기 시간은 5~10분 이내가 좋습니다. 아이들이 힘들게 느끼지 않아야 꾸준하게 이어나갈 수 있습니다.

어떤 공책이 좋을까요?
아이에게 맞는 공책을 정합니다. 공책 크기가 너무 작거나 크면 글쓰기 흥미가 떨어집니다. A5 크기가 적당합니다. 만약 글을 많이 쓰는 아이라면 A4 크기도 괜찮습니다. 공책에 줄이 있으면 글씨를 바르게 쓰고, 글 분량을 조절하는 데 도움이 됩니다. 줄이 없는 공책은 생각을 제한하지 않고, 자유롭게 쓸 수 있어서 창의성 향상에 도움이 됩니다. 글과 그림 중에서 그림으로 표현하기를 더 좋아하는 친구는 그림도 함께 그릴 수 있도록 줄이 없는 공책을 추천합니다.

저희 반은 두 가지 글쓰기 공책을 씁니다. 하나는 학습 정리 공책인 '날단학공소 공책'이고, 하나는 앞에서 소개한 글짓기 공책인 '새알심 공책'입니다. '날단학공소'는 날짜, 단원, 학습 문제, 공부한 내용, 소감의 준말이고, '새알심'은 새로 알게 된 내용, 내 생각과 마음의 준말입니다. 이렇게 의미를 축약해서 공책에 이름을 지어주면 글쓰기의 목표가 명확해져 글쓰기가 훨씬 쉬워집니다. 또, 아이들과 소통하기도 편합니다.

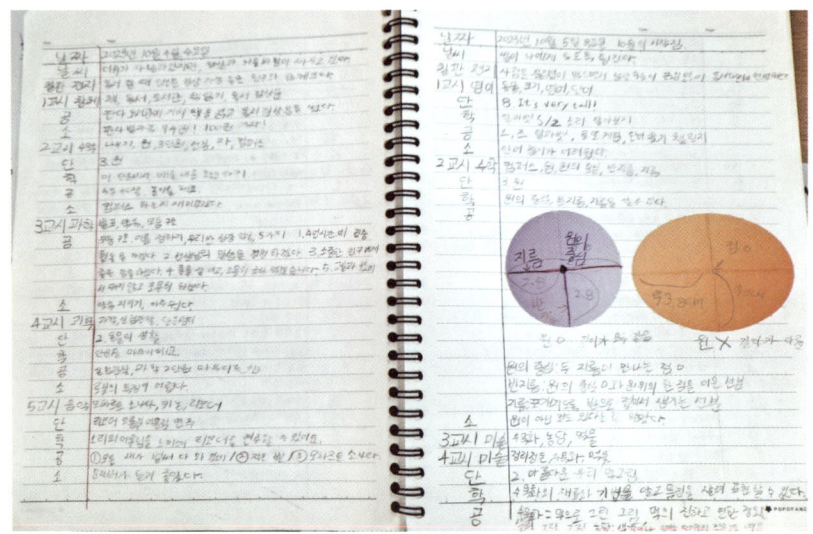

▲ 날단학공소 공책

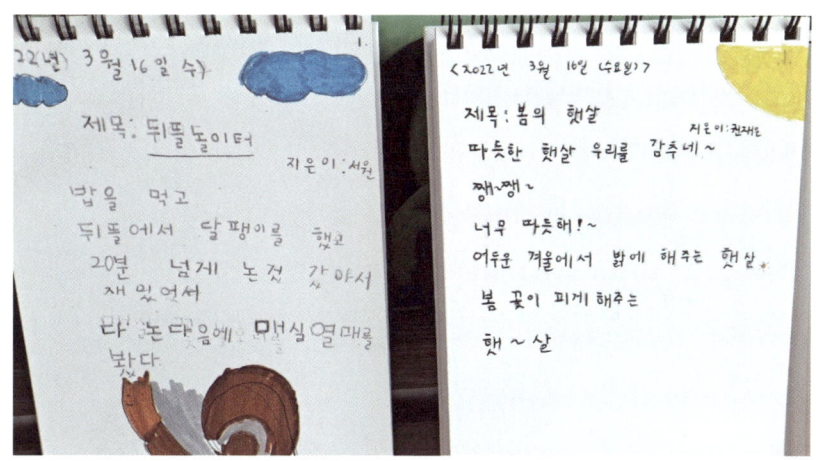

▲ 새알심 공책

글쓰기 교육은 꾸준히, 친밀하게 진행해야 합니다. 그러므로 정해진 시간, 정해진 공책에 글을 쓴다는 것은 의미가 큽니다. 글쓰기 실력은 연습을 통해 향상됩니다. '좋은 문장을 많이 쓰는 것'보다는 '많은 문장을 쓰는 것'을 목표로 하루 10분 동안 나만의 공책에 글쓰기를 실천하도록 도와주세요.

이렇게 쓰다 보면 글쓰기가 그 어떤 놀이보다도 즐겁고 재미있는 활동이 됩니다. 일 년 동안 놀이처럼 즐겁게 글을 썼더니, 종업식날 한 아이가 제게 이런 편지를 건네주었습니다.

> 선생님을 만나고 책을 읽는 것이 얼마나 중요한지 알았어요. 그리고 글 쓰는 데도 재미를 붙인 것 같아요. 일 년 동안 제 마음속 보물상자와 보석을 많이 찾은 것 같아요!

글쓰기가 재미있어지면 아이들은 스스로 글을 쓰게 될 것입니다.

☑ 아이들의 감각적 표현을 글로 이어주는 일

 글쓰기를 시키면 어떤 아이들은 어제도 썼는데 오늘은 또 무얼 쓰냐며 이제 쓸 게 없다고 대답합니다. 하지만 오늘은 어제와는 또 다른 날입니다. 날씨가 다르고, 내 기분도 다릅니다. 많은 것이 달라진 만큼 아이들의 생각을 밖으로 꺼내주어야 합니다.

 우리는 엄마 뱃속에서 처음 들었던 소리를 시작으로, 전 생애에 걸쳐 보고, 듣고, 냄새 맡고, 맛보고, 느끼며 살아갑니다. 이러한 감각적 표현은 시나 이야기뿐만 아니라 우리의 일상에서도 자주 사용됩니다. "빗방울을 맞았는데 차가웠어요.", "친구 목소리가 너무 커서 시끄러워요.", "방귀 냄새가 지독해요." 등 교실에 있다 보면 아이들의 감각적 표현을 자주 들을 수 있습니다.

 아이들은 자신만의 언어로 느낀 그대로를 표현합니다. 그래서 아이들의 표현은 바다에서 갓 잡아 올려 펄떡펄떡 뛰는 물고기처럼 생동감 있고, 에베레스트의 만년설이 처음 녹아 흐르는 물처럼 신선합니다. 이렇게 아이들 표현 속의 원석을 캐내어 다이아몬드 같은 글이 되도록 도와주는 일은 가르치는 자의 몫입니다.

 초등학교에 입학하기 전까지 아이들은 물감 놀이, 모래 놀이, 색종이 놀이, 과자 놀이 등 다양한 오감체험 활동을 경험합니다. 성장기에 감각이 조화롭게 성장하는 데 도움을 주는 오감체험 활동은 장려되고 있고 아이들도 매우 좋아합니다. 반면 학교에 입학하면 지적 활동이 좀 더 많은 비중을 차지하게 됩니다. 만약 아이들의 지적 활동에서 감각을 마음껏 표현할 수 있도록 도와준다면 더 신나고 행복하게 공부할 것입니다.

 글쓰기도 그러합니다. 24시간 살아 움직이는 아이들의 오감을 도구 삼아 글쓰기를 한다면 일상의 모든 소재가 글감이 됩니다. 꼭 자연이 우거진 곳에 살지 않더라도, 따로 시간을 할애하지 않더라도 아이들의 일상 속에서 오감이라는 창을 통해 세상을 색다르게 바라볼 수 있습니다.

 사람은 하루 동안 참 많은 생각을 합니다. 하지만 작가가 아니라면 글 쓰는 시간은 많지 않을 겁니다. 글쓰기는 생각과 감정을 글이라는 문자로 표현하는 것입니다. 그렇기에 삶의 모든 순간이 다 글쓰기 재료입니다. 특히 아이들은 추상적인 관념보다는 눈에 보이고 귀에 들리고 손에 만져지는 것들을 글로 잘 써냅니다. 자신이 보고 생각하고 느낀 것을 있는 그대로 쓸 수 있는 존재가 아이들입니다. 그래서 글쓰기 주제는 거창한 것보다 아이들 삶 자체에 가까운 것이 좋습니다. 학교에 와서 공부한 일, 쉬는 시간에 있었던 일, 텃밭에 가서 식물들을 관찰한 일, 주말에 가족과 있었던 일 등 아이들이 꺼내어 놓을 수 있는 이야깃거리는 무궁무진합니다. 그러므로 어렵게 생각하지 마시고 우리 주변에서 글쓰기 재료를 찾아보세요.

감각적 표현의 밑거름을 만드는 일

초등학교 3학년 1학기 국어 교과과정 중 '재미가 톡톡톡'이라는 단원은 감각적 표현에 유의하며 시나 이야기를 감상하는 단원입니다. 시나 이야기에 나타난 감각적 표현을 찾는 활동을 합니다.

여기서 감각적 표현이란 대상(사물)에서 받은 인상과 느낌을 시각, 청각, 후각, 미각, 촉각으로 실감 나게 표현한 걸 의미합니다. 글만 읽고도 대상을 직접 눈으로 보고(시각), 귀로 듣고(청각), 손으로 만져보고(촉각), 혀로 맛을 보고(미각), 코로 냄새를 맡아보는 것(후각)처럼 생생하게 느낄 수 있다면 감각적 표현이라고 할 수 있죠.

시를 감각적인 표현으로 효과적으로 나타내기 위해서 비유법을 사용하기도 하고, 소리나 모양을 흉내 내는 말인 의성어와 의태어를 사용하기도 합니다. 또는 인물의 생각이나 말을 넣어 표현하기도 하고, 상대방에게 그림을 그리듯이 실감 나게 전달되는 표현도 감각적인 표현이라고 할 수 있습니다.

감각적 표현은 문학 작품에서 추상적인 작가의 심상을 구체적인 이미지로 보여주는 역할을 합니다. 좋은 감각적 표현은 아이들도 쉽게 이해하고 공감할 수 있습니다. 또한, 작품 속 이야기를 좀 더 생생하고 실감 나게 만들어 아이들이 재미있게 읽습니다. 이렇게 감각적 표현의 재미를 느끼면 작품을 읽는 것뿐만 아니라 창작 의욕도 저절로 생깁니다.

아이들은 시를 읽으면서 감각적 표현을 찾는 활동은 어려워하지 않습니다. 하지만 자신이 느낀 감각을 글로 표현하는 걸 어려워합니다. 그럴 때는 감각적 표현이 실감 나게 잘 드러난 시를 많이 읽어보면 좋습니다. 시는 짧은 분량 안에 많은 감각적 표현을 담고 있어서 감각적 표현을 익히는 데 효과적입니다. 또는, 감각적 표현이 많은 그림책을 읽어주는 것도 좋습니다.

학교에서는 아이들이 감각적 표현과 친밀해질 수 있도록 동시를 낭송하기도 합니다. 국어 교과서에는 다양한 동시가 실립니다. 동시를 하나씩 배울 때마다 함께 낭송하고, 앞에서 배운 동시들도 다시 낭송해봅니다. 그렇게 계속 낭송하다 보면 금세 시를 다 외우게 됩니다. 입에 익은 시를 통해 감각적 표현을 쉽게 익히고 배울 수 있습니다. 또는 아이들이 재미있게 읽은 시집을 가지고 와서 발표하게 하기도 합니다. 그러면 아이들은 그 동시집을 서로 빌려 가며 읽습니다.

다른 사람이 경험하거나 창작한 이야기를 통해 감각적 표현을 배웠다면, 실제로 그 경험을 해 보는 것도 좋습니다. 저는 체험하면서 배우는 지식을 매우 중요하게 생각하여 아이들과 함께 다양한 체험 활동을 합니다. 그중 학교 텃밭 가꾸기는 아이들이 매우 좋아하는 활동입니다. 아이들이 직접 씨앗을 만지고, 모종을 관찰하고, 땅에 심고, 가꾸도록 합니다. 그리고 심은 씨앗이 자라나기 시작하면 점심시간마다 5분 정도 시간을 내어 '작물 관찰하기' 활동을 합니다. 조금씩 자라나는 작물이 어제와 다른 점은 무엇인지 관찰해 봅니다. 자라난 식물을 눈으로 보고, 귀로 듣고, 코로 냄새 맡고, 먹을 수 있는 것은 입으로 맛을 보고, 손으로 만져보게 합니다. 그리고 관찰한 것 중 하나를 골라 글로 쓰게 합니다. 이렇게 시나 이야기에 나타난 감각적 표현을 배우는 것을 넘어, 일상에서 사용하면 글쓰기가 재미있어집니다.

학교 텃밭을 가꾸다가 봄이 오기 직전 이른 싹을 틔운 수선화를 발견하고 쓴 시를 소개해 봅니다.

오늘은 수선화 역도 하는 날

박은주

따사로운 4월 같은 2월
2년 전에 심은 수선화가
그 여린 손을 하나둘 내민다
조금씩 조금씩 내밀더니
이제 내 손가락만큼 자랐다

누가 이 흙을 올려주었을까?
건물에 가린 서향이라 해도 잘 들지 않는데
날마다 날마다 크더니
토끼 귀처럼 쫑긋거린다

봄 햇살을 맞으며 흙을 들어 올려
처음으로 세상의 바람을
커다란 고인돌을 올리듯
그 기개가 힘차다
오늘 처음 알았다
수선화가 이렇게 힘이 세다는 걸

✅ 일상을 관찰하고 탐구하면 글쓰기가 시작됩니다

갑자기 내린 소나기, 등굣길에 본 풀과 돌멩이 하나도 다시 보면 꽤 훌륭한 글감입니다. 모든 일에 호기심을 가지고 자세히 관찰하는 것에서부터 글쓰기가 시작됩니다. 관찰하면 할수록 더 많은 걸 볼 수 있고 더 풍성한 글을 쓸 수 있습니다. 그렇다면 무얼 관찰해야 할까요? 눈을 떠서 보는 모든 게 전부 관찰 대상이 됩니다. 아이들에게는 어른에겐 보이지 않는 특별한 것들을 포착하는 능력이 있습니다.

저희 반은 매일 점심시간에 관찰을 합니다. 텃밭, 나무, 벌레, 하늘, 바람, 친구들, 아주 다양합니다. 점심시간이 부족하면 1분 만이라도 관찰하라고 합니다. 관찰한 내용은 새알심 공책에 1문장이라도 꼭 기록합니다. 별것 아닌 것처럼 보이지만, 하루하루가 쌓이는 동안 아이들의 관찰력이 자랍니다. 또 아이들은 자신을 둘러싼 환경 속에서 새로운 것을 발견해내는 순간을 매우 행복해합니다. 그러면 글쓰기는 억지로 짜내지 않아도 저절로 하고 싶어집니다. 관찰하고 글을 쓰는 것은 공부가 아니라 놀이처럼 다가오기 때문에 계속 즐겁게 할 수 있는 것입니다.

관찰이 끝나면 아이들은 "선생님, 새알심 해도 돼요?"라며 먼저 글을 쓰고 싶다고 합니다. 저는 "오, 당근이지!"라고 대답합니다.

계절이 바뀔 즈음에도 교실 밖으로 나가 관찰하는 시간을 가집니다. 새봄이 올 때는 봄의 따스함을 느끼러 밖에 나갑니다. 여름비가 오는 날엔 우산을 쓰고 비를 맞으러 나갑니다. 여름이 끝나면 맑은 가을 하늘에 뜬 구름을 보기도 합니다. 첫눈이 오는 날은 꼭 나가서 눈을 맞거나 눈싸움을 합니다. 이렇게 계절마다 가진 특별함을 아이들이 느낄 수 있게 해 줍니다.

지난 여름에는 학교 텃밭에서 복수박을 키웠습니다. 어떤 아이는 수박의 잎에 관심이 있고, 어떤 아이는 수박꽃 모양이 다르다며 유심히 살펴보고, 어떤 아이는 수박이 축 늘어져서 왜 그런가 골똘히 생각하고, 어떤 아이는 수박의 열매 개수를 세어보고, 어떤 아이는 수박 꼭지에 있는 털이 수북한 것에 호기심을 보입니다.
"선생님, 이 수박 줄기에는 털이 많아요. 아직 익지 않아서 그런가 봐요."
덜 익은 수박일수록 수박 꼭지에 부드러운 가시같은 털이 많다고 말한 것을 기억했나 봅니다. 이렇게 아이들이 관찰하고 싶은 대로 관찰하게 둡니다.

은주쌤의 글쓰기 수업!

관찰하고 글쓰기

❶ 관찰할 대상을 정합니다. 주변에서 쉽게 관찰할 수 있는 것, 자신이 좋아하거나 관심 있는 것으로 정합니다.
❷ 관찰한 내용을 글로 적습니다. 이 단계에서는 대상의 모양, 색, 소리, 촉감, 냄새, 맛 등 관찰 내용을 사실적, 구체적으로 적습니다.
　✓ 관찰한 것을 흉내 내는 말을 넣어 표현하라고 하면 감각적 표현을 손쉽게 익힐 수 있습니다.
❸ 관찰 내용에 대해 떠오르는 생각과 느낌을 적습니다.
❹ 이번엔 관찰한 대상을 중심으로 다양한 상상을 해서 적어 봅니다.
❺ 적은 내용을 종합해서 하나의 글로 만듭니다. 동시, 편지, 줄글 등 글의 형식은 자유롭게 정합니다.

※ 유의사항
　✓ 연필 가는 대로 자유롭게 쓰라고 합니다. 시간을 많이 주는 것보다 10분 이내로 쓰는 게 좋습니다.
　✓ 체험한 대로 솔직하게 쓰되 자세하고 정확하게, 다른 사람의 말이 아닌 내 말로 씁니다.
　✓ 글을 다 쓰고 나서 소리 내 읽으면서 고쳐봅니다. 소리 내어 읽으면 고쳐야 할 부분이 잘 보입니다.

　그렇다면 이제 관찰한 내용을 바탕으로 어떻게 글을 쓸까요? 여기에서 말하는 글은 관찰기록문처럼 자세히 적을 필요는 없고, 단순히 보고 느낀 대로 쓰는 글을 말합니다.

　학교 텃밭의 수박을 딴 날, 관찰 글쓰기 내용을 소개합니다.

- 관찰 대상 : 수박
- 관찰 내용
  - ✓ 커다란 수박이 매달려 있다.
  - ✓ 수박 속살이 빨갛고 까만 씨가 콕콕 박혀있다.
  - ✓ 친구가 가져온 음료수에 수박을 넣고 화채를 만들어 먹었다.
  - ✓ 수박에서 딸기 맛이 났다.
- 생각과 느낌
  - ✓ 수박이 내 머리만 하다.
  - ✓ 수박 화채를 먹었더니 내 입속에 여름이 온 것 같다.
- 상상하기
  - ✓ 내 입속이 수박수영장이 되면 어떨까?
- 글쓰기

우리 반 수박 화채 수영장

권지율

우리 학교 텃밭에 대롱대롱 매달린 복수박
내 머리만 한 복수박을 언제나 딸까?
드디어 오늘 수박을 따는 날이다

정말 잘 익었을까? 가슴이 콩당콩당
수박 속이 궁금해서 못 참겠다
드디어 속 보여준 수박 속살
여름 햇살을 다 받았나 봐
빨갛게 까맣게 다 익었다

친구가 가져온 음료수에, 자른 수박을 넣고
한 컵 담아 한입에 먹는다
1초도 안 되어 사르르 녹는 아이스크림처럼
내 입속에 수박수영장이 한가득
아, 벌써 여름이 내 입에서 시작되었다

그런데 수박인데 왜 딸기 맛이 나지?

이번에는 봄비 내리는 날에 비를 관찰하고 적은 글입니다.

- **관찰 대상** : 비
- **관찰 내용**
  ✓ 빗소리가 토독토독 들린다.
  ✓ 운동장이 젖어서 색깔이 바뀌었다.
- **생각과 느낌**
  ✓ 빗소리가 문 두드리는 소리 같다.
- **상상하기**
  ✓ 봄비는 손님이고 땅바닥은 집인데, 땅바닥이 봄비를 반갑게 맞이한다.
- **글쓰기**

봄비 손님

박시현

봄비가 땅에 들어가고 싶어
똑똑똑 노크한다
반가운 마음에
소리 들리자마자
얼른 집안으로 들여 보낸다
땅바닥 집이 봄비 손님으로 가득 찼다

봄비 오는 날 저희 반 아이가 쓴 시입니다. 빗소리를 빗방울이 땅에 들어가고 싶어 노크하는 소리로, 비에 젖은 땅의 모습을 땅바닥 집에 봄비 손님이 가득 찼다고 표현합니다. 비 오는 날은 그저 축축하고 불편한 날이라고만 생각했는데, 이 아이에게는 반가운 봄비 손님이 찾아온 행복한 날이겠네요.

이렇게 시작한 자연 관찰 시 쓰기는 이젠 아이들이 더 좋아합니다. 너무 재미있다며 날마다 쓰자고 합니다.

"선생님, 시 쓰기가 너무 재미있어요. 빨리 엄마한테 보여드리고 싶어요."

자신이 쓴 시가 기특해서 빨리 엄마에게 보여드리겠다고 합니다. 글쓰기가 공부가 아니라 재미있는 놀이가 되는 순간입니다. 아이들의 눈으로 바라본 세상을 꾸밈없이 솔직하게 써 내려가면 좋은 글이 됩니다. 어른들의 생각이나 기준이 들어가지 않은 아이들의 솔직한 느낌과 생각은 감동을 줄 때가 많습니다. 그 순수함에 말의 재미를 더하면 감명 깊은 글이 됩니다.

꼭 밖에 나가서 관찰하지 않더라도 냉장고에 있는 바나나, 베란다 화분에 심긴 알로에, 가족이나 반려동물 등 집안에서 관찰할 수 있는 대상도 아주 많습니다. 아이들이 가족과 반려동물, 식물과 과일을 관찰하고 쓴 재미있는 시를 소개합니다.

내 동생

김지우

내 동생은
장난감 공장에서 왔나 보다
곰 인형처럼 보들보들하다

동생은
우리 집으로 올 때
향수 가게에서
동생만의 향수를 만들고 왔나 보다
동생만의 냄새 난다

동생은
매일 매일 즐겁나 보다
항상 웃는다

짜장라면 강아지

안시연

우리 집 강아지
아기 땐 분명
털 색깔이 진했는데
미용실에서 염색하고 왔나 보다

뽀글뽀글 짜장라면을 달고 다닌다
짜장라면 위에
검은콩 세 개
짜장라면에서 꼬순내가 난다
귀여운 우리 집 강아지

내 친구 닮은 바나나

곽설아

겉은 차갑지만 마음은 따듯한
내 친구처럼
바나나는 겉은 딱딱하고 안은
부드럽다

조그마한 아기 바나나 먹으니
보들보들 녹아내린다
초콜릿처럼 달콤하게 녹아 버리다

달콤한 꽃향기 바나나
또다시 먹고 싶다

바나나를 자르니 동전 같다
이 동전으로 친구의 마음을 사고 싶다

초록색 고슴도치

엄소윤

뾰족뾰족 가시가 나 있는 알로에
고슴도치가 미용실 가서
초록색으로 염색했나 봐
찐득찐득 콧물이 주르륵
새콤한 자두 맛이 난다
달콤해서 더 먹고 싶다
향긋한 가그린 냄새
두드리면 찹찹 소리 난다
정말 신기하다

아이들은 단순히 머리로 배우는 내용은 남의 이야기라고 생각합니다. 그런데 직접 체험하면 나 자신의 이야기가 됩니다. 초등학생 때는 다른 사람이 하는 것을 눈으로 보기보다는 본인이 발표하고 체험하는 것을 훨씬 좋아하는 자율성이 강한 시기입니다. 체험 후 '우리가 경험한 일을 한번 글로 써 볼까?'라고 말하면 아이들은 눈을 반짝이며 새알심 공책을 가져옵니다. 내가 경험한 이야기를 얼른 글이나 그림으로 표현하고 싶거든요. 혹시 아이가 글쓰기를 싫어한다면 생활과 글쓰기를 자연스럽게 연결해 보세요.

✔ 글쓰기를 어려워한다면 체험하고 질문해 봅니다

글이란 생각을 담는 것입니다. 생각은 삶에서 나옵니다. 그런데 요즘 아이들의 삶은 참 바쁩니다. 학교가 끝나면 바로 학원으로 향합니다. 생각하고 느끼고 체험하는 시간이 너무 부족합니다. 다양한 학년의 아이들을 가르치며 살펴보니 저학년에서 고학년으로 갈수록 감성이 메말라서 자기 삶을 글로 표현하는 것을 어려워합니다. "네 생각을 글로 써 봐."라는 말을 듣기만 해도 머리가 지끈지끈해지는 것입니다. 도무지 느낌이 오지 않기 때문에 글쓰기는 고통스러울 수밖에 없습니다.

이를 해결하기 위해서는 먼저 행동하게 하면 됩니다. 저는 수업을 계획할 때 가능한 많은 체험 활동을 할 수 있게 합니다. 1학년 아이들에게 수학을 가르칠 때는 밖에 나가서 꽃잎과 이파리를 세어보게 합니다. 창의적 체험 활동 시간에는 매실청도 직접 담가 보고, 맛도 봅니다. 특히 학교 텃밭 가꾸기 활동으로 계절마다 작물을 심고 가꾸며 자라는 모습을 관찰하고 수확도 해 봅니다. 비가 오면 비를 맞고, 가을바람이 불면 바람을 느껴봅니다. 눈이 오면 눈을 밟아 보고, 얼음이 얼면 얼음을 만져 봅니다. 운동장에서 뛰며 나의 걸음 수도 세어 봅니다.

이렇게 몸을 움직여 체험하고 나면 호기심, 즐거움, 흥분 등 다양한 감정이 아이들의 몸에 남아 있습니다. 평소와 다른 감각을 느낄 때, 자기 생각을 말해 보게 하는 과정이 중요합니다. 아이들의 좋았던 감정을 놓치지 않고 문장으로 붙잡아 두는 것입니다. 질문하고 답하면서 자신이 체험한 것을 떠올리고 말로 표현하다 보면 자연스럽게 새로운 문장과 표현을 사용하게 되고, 어휘력과 문장력이 좋아집니다. 또, 다음 체험을 할 때도 막연하게 하지 않고 자세히 관찰하는 태도로 임하게 됩니다.

체험 이후에는 하브루타 질문법을 응용해서 이런 질문을 해 볼 수 있습니다.
❶ 체험 활동으로 알 수 있는 사실을 묻거나 감각적 표현을 자극하는 질문
❷ 체험 내용을 바탕으로 상황을 추측하거나 예측해 볼 수 있는 질문
❸ 체험 활동에 대한 느낌과 생각, 경험을 묻거나 상상해 볼 수 있는 질문
❹ 체험 활동에 대한 전체적인 소감을 묻는 질문

다음의 예시를 통해 구체적으로 어떻게 질문하면 좋을지 알아보고, 직접 체험 활동 후 아이에게 질문하여 재미있는 이야기를 이끌어 내 보세요.

은주쌤의 글쓰기 수업!

체험하고 바로 질문하여 이야기 이끌어 내기

- **체험 내용**
  친구들과 학교 텃밭에서 무를 뽑았습니다.
- **질문하기**
  ❶ 사실을 묻거나 감각적 표현을 자극하는 질문
    ✓ 무 뽑기 체험은 언제, 어디서, 어떻게, 왜 했나요?
    ✓ 무는 어떻게 생겼고, 무를 뽑을 때 촉감은 어땠나요?
    ✓ 무는 어떤 냄새가 났나요?
    ✓ 무의 맛은 어땠나요?
    ✓ 무를 뽑는 동안 어떤 소리가 들렸나요?
    ✓ 내가 뽑은 무와 친구들이 뽑은 무는 어떤 점이 다른가요?
  ❷ 상황을 추측하거나 예측해 볼 수 있는 질문
    ✓ 무가 더 컸다면 어떻게 뽑았을까요?
    ✓ 무를 뽑지 않고 그대로 두면 어떻게 될까요?
  ❸ 느낌과 생각, 경험을 묻거나 상상해 볼 수 있는 질문
    ✓ 만약 내가 무가 된다면 무엇을 하고 싶은가요?
    ✓ 무가 자라는 동안 어떤 어려움이 있었을까요?
    ✓ 무가 사람이었다면 어떤 생각을 했을까요?
  ❹ 전체적인 소감을 묻는 질문
    ✓ 무 뽑기 체험에 대해 어떻게 생각하나요?
    ✓ 앞으로 어떤 체험을 하고 싶나요?

막 활동을 끝내고 와서 느낌이 생생할 때 질문을 통해 느낌과 감정을 말하고 문장으로 써 보게 합니다. 만약 아이가 아직 글쓰기를 어려워한다면 아이와 대화를 나누면서 부모님이 대신 적어주세요. 또는 부모님이 아이의 대답을 잘 정리해서 쓸 내용을 불러주고 아이가 받아쓰게 합니다. 고학년은 위의 다양한 질문을 해 보고 자신이 쓰고 싶은 내용을 골라서 적게 합니다.

무 뽑기 활동을 한 후 아이들이 써낸 글입니다. 저마다의 관점과 표현이 다른 것이 참 재미있습니다.

푸릇푸릇 쑥쑥 무와 나

김소윤

너는 누구니?
검붉은 흙 속 푸릇한 것
아이들이 열심히 뽑는 너
사각사각 맛있게 먹으려고 끙끙끙 뽑는 너
입에 넣자 풀이 자라는 맛과 알싸한 맛을 가진 너
오이? 아니 비슷해!

축촉하고 껍질은 매끈매끈한 나!
농약, 비료 하나 도움 없이 자란 나!
또 달달한 냄새, 자연의 냄새가 나는 나!
길쭉길쭉하고 모든 동식물이 좋아하는 나!
무 생채, 무 국 등 해 먹을 수 있는 나!

무 국처럼 시원한 너!
무, 나를 너는 너무나 좋아하는구나

꼬마 무와 어른 무

곽현

오늘 아이들이 무를 뽑았다
농약을 안 치고
싱싱하고 생생하고 탱글탱글
벌레들이 우리 걸 뺏어 먹으려고 한다
저리 가!
크고 작은 무들이 뽑힌다

작은 무는 꼬마 무
큰 무는 어른 무

무 뽑기

지이룸

무를 뽑으려 한다
그런데 무가 안 나와서 말을 걸었다
"무야, 빨리 나와!"
"싫어, 밖이 춥단 말이야."
"괜찮아, 내가 따듯한 곳에 데려다줄게."
"진짜?"
"그래"
"내 배 속에 넣어줄게. 맛있다."

무 이야기

이은호

땅속에서 여름내 자고 있었다
어느 날 시끌시끌 소리가 나서 일어났다
3학년 4반이 왔다
애들이 나오라고
나를 잡아당긴다
'아야 아프다.'
그래도 시원하다

글 속에서 아이들의 생생한 감정이 잘 느껴지죠? 잠시 시간을 내어 아이와 함께 무언가를 보고, 듣고, 냄새 맡고, 만지고, 맛도 보는 기회를 가져 보세요. 무궁무진한 감각의 창고에서 보석 같은 이야기들을 발견할 수 있을 거예요.

✅ 상상력을 키워주는 자연물 작품 글쓰기

아이들에게 언제 가장 행복하냐고 물어보면 '놀 때'라고 대답합니다. 사람이 매일 밥을 챙겨 먹듯이 아이들은 매일 놀아야 합니다. 그런 아이들에게 앉아서 글 쓰는 일은 참 고역이겠지요. 그렇다면 놀면서 글을 쓰는 건 어떨까요? 간혹 글 쓰는 것을 어려워하다 못해, 극도로 싫어하는 아이들이 있습니다. 이런 친구들에게는 무작정 연필과 종이를 쥐어 주는 것보다, 먼저 마음껏 놀게 한 다음 그 경험을 글로 쓰게 하는 것이 좋습니다.

아이들 대부분은 자기 손으로 무엇인가를 만들고, 표현하는 걸 좋아합니다. 아이들이 만드는 것에는 모두 이야기가 담겨있습니다. 유명한 작가들의 작품을 보고 느낀 점을 글로 쓸 수도 있지만, 사실 어른들이 창작한 작품의 세계를 아이의 눈으로 이해하는 건 쉽지 않은 일입니다. 아이들은 자신의 작품을 가지고 글 쓰는 것을 더 좋아합니다.

자연물로 작품을 만드는 활동은 학년을 가리지 않고 모두 좋아합니다. 특히 추분이 지난 선선한 늦가을이 되면, 잎이 물들고 나뭇잎이 떨어져 자연물을 준비하기 수월합니다. 낙엽은 다양한 색깔과 모양을 가지고 있어 아이들의 무궁무진한 생각을 표현하기에 좋습니다. 도심에서도 손쉽게 구할 수 있는 게 낙엽입니다. 서리 내리기 전의 낙엽은 색깔이 아주 선명하고, 수업 재료로 아주 좋습니다. 이때 주의할 점은 아이들에게 나무가 성장할 때는 나뭇가지를 꺾거나 잎을 따면 안 되고, 서리가 내리면 나뭇잎이 자연스럽게 떨어지기 때문에 수집할 수 있는 거라고 생명 윤리를 알려주어야 함부로 나무를 꺾지 않습니다.

이외에 다른 자연물도 좋습니다. 나뭇가지, 나무껍질, 작은 돌, 꽃잎, 흙, 모래 등의 재료를 구할 수 있다면 더 풍부한 이야기를 만들 수 있습니다. 이렇게 자연을 느낄 수 있는 재료들로 작품을 만들고 글을 쓰면 매우 서정적이고 자연스러우며 순수한 글을 써내곤 합니다.

은주쌤의 글쓰기 수업!

낙엽으로 작품 만들고 글쓰기

❶ 가을 단풍이 든 후 서리 내리기 1~2주 전에 낙엽을 수집합니다.
  ✓ 아이들과 산책을 하면서 각자 좋아하는 낙엽, 나뭇가지 등을 줍습니다.
  ✓ 작품을 미리 구상하고 가면 작품에 필요한 것을 수집할 수 있습니다.
❷ 도화지에 낙엽을 붙이고 다양한 미술 재료를 활용하여 장면을 꾸밉니다.
  ✓ 완구용 눈 장식을 활용하면 낙엽을 동물이나 사람으로 쉽게 표현할 수 있습니다.
  ✓ 파스텔 등 아이들이 쉽게 채색할 수 있는 도구를 준비합니다.
❸ 작품의 장면을 소개하는 이야기를 써 봅니다.
  ✓ 저학년이라면 작품을 꾸미고 한두 문장으로 이야기를 씁니다.
  ✓ 발단, 전개, 위기, 절정, 결말 등의 이야기 구조를 배운 고학년은 이야기 구조에 맞게 좀 더 긴 이야기를 쓰도록 해 봅니다.

배신자의 최후

권나경

숲속에 귀여운 쥐 세 마리가 살았어요. 노랑 쥐는 제일 크고, 주황 쥐는 큰 눈을 가지고 있고, 마지막 빨강 쥐는 작은 눈을 가지고 있었어요. 쥐 세 마리는 언제 어디나 같이 가고, 먹을 것도 같이 나누어 먹었어요. 가을 햇살이 좋던 어느 날 노랑 쥐에게 먹을 것이 생겼어요. 그런데 노랑 쥐는 혼자 먹고 싶었습니다. 그래서 주황 쥐와 빨강 쥐에게 건넛마을에 먹을 게 많다면서 빨리 가 보라고 거짓말을 했어요. 본인은 머리가 아파서 가지 못하겠다고 하면서요. 두 마리는 허겁지겁 건넛마을로 떠났어요. 두 쥐가 떠난 사이 노랑 쥐는 숨겨놓은 것을 몰래 다 먹어 버렸지요. 그때 부스럭부스럭 코브라가 나타났어요. 노랑 쥐는 너무 많이 먹어 몸이 무거워서 도망가지 못했어요. 결국 코브라의 밥이 되고 말았지요. 가을만 되면 주황 쥐와 빨강 쥐는 언제나 노랑 쥐를 생각하면서 슬퍼했답니다.

어느덧 아이들은 모두 작가가 되어 나뭇잎에 생명을 불어넣고 이야기를 만들기 시작합니다. 자연은 아이들에게 친숙한 존재입니다. 스스로 보고 느끼고 생각하면 그 대상은 더욱 특별하게 다가옵니다. 이렇게 특별한 소재는 아이들에게 이야깃거리가 되어 글을 쓰고 싶도록 만듭니다.

☑ 색깔을 눈감고도 느껴지게 표현해 보기

아이들이 삶에서 보고, 듣고, 관찰한 것을 색다른 관점으로 표현하게 하면 글쓰기는 지루한 것이 아닌 재미있는 일이 됩니다.

3학년 2학기 국어 교과서에 실린 『진짜 투명 인간』(레미 쿠르종 지음, 씨드북, 2015)을 살펴봅시다. 주인공 에밀은 시각 장애인인 블링크 아저씨가 시각 대신 다른 감각들이 발달되었다는 걸 알게 되고, 자신이 보는 색깔을 다른 감각을 통해 느낄 수 있도록 가르쳐 줍니다. 예를 들어, 가장 초록색인 것은 맨발로 걸을 때 발가락 사이로 살살 삐져나오는 촉촉한 풀잎이라던가, 가장 붉은색인 것은 할아버지 밭에서 나는 토마토 맛이라던가 하는 표현들을 통해서 말입니다.

이 이야기를 읽고 나면 아이들에게 '만약에 내가 에밀이라면 블링크 아저씨에게 색깔을 어떻게 알려주고 싶은지'를 주제로 글을 써 보라고 합니다. 눈으로 보는 것(시각)을 다른 감각으로 표현해 보는 것입니다. 반대로 청각을 시각으로 표현할 수도, 미각을 시각으로 표현할 수도 있습니다.

노란색

김주호

끈적끈적 달콤한 꿀
촉촉 새콤새콤 레몬
윙윙 꿀벌이 난다
미끈 미끈 윙윙
벌과 해바라기 소리
이것이 바로 노란색

초록색 느낌

오찬규

숲에서 바람이 스스르 부는 소리
자연에서 큰 나물을 오물오물
먹는 느낌
새들이 지저귀는 넓은 들
자기가 원하는 모든 걸 이룬
뿌듯한 느낌

꿈에서 나타나는 색

하아람

바람이 휙휙 부는 소리는 하늘색
새들이 짹짹 말하는 소리는 노란색
꽃들이 인사하는 향기는 분홍색
들판에 바람이 움직이는 소리는
초록색
눈을 감고 꿈에서 나타나는 색

노란색은

지이룸

끈적거리고 달달한 꿀
찌릿거리고 빠직거리는 전기
냄새나고 부채처럼 생긴
은행나무 잎
약간 둥글고 맛이 신 레몬
눈을 감고도 느껴지는 노란색

이렇게 눈으로 보는 색을 후각, 청각, 촉각, 미각으로 표현하면 그림으로 그리듯 손쉽게 감각적 표현을 익힐 수 있습니다. 평소 익숙하고 평범하게 느껴지던 것들도 새로운 감각으로 다가오는 특별한 경험이 됩니다.

감각적 표현은 시나 이야기뿐 아니라 우리의 일상에서도 자주 사용됩니다. 하지만 중요한 것은 그런 아이들의 감각적 표현을 글로 이어주는 작업입니다. 창작의 원초적인 본능인 감각을 글로 표현하다 보면 상상력은 저절로 자랄 것입니다.

✔️ 글쓰기에 날개를 달아주는 이미지 글쓰기

아이들에게 "우리 ○○에 대해 글 써 볼까?"라고 말하면 머리 위에 물음표를 띄우고 가만히 앉아만 있는 아이들이 있습니다. 짧은 시간 동안 수많은 생각의 모자이크들이 머릿속을 맴돌지만, 결국 연필을 내려놓습니다.

이럴 때 저는 아이들에게 그림(이미지)을 보여주며 글을 써 보라고 합니다. 그러면 아이들 머릿속의 생각에 초점이 잡히기 시작합니다. 앞서 말했듯이 아이들에게 자유롭게 쓰라고 하기보다는 정확한 주제를 제시해야 생각을 잘 끌어낼 수 있습니다. 그런 점에서 그림은 문자보다 더 많은 단서를 제공하므로 생각의 확장이 잘 이루어집니다.

글쓰기를 힘들어하는 아이들에게 그림을 보여주면 생각보다 쉽게 글을 써내는 모습을 보았습니다. 이때 다른 사람이 그린 그림을 보는 것도 좋지만, 아이들이 직접 그림을 그릴 때 생각이 더욱 잘 떠오릅니다. 그러면 아이들이 쉽게 이미지 글쓰기를 하는 방법에는 어떤 것이 있을까요?

언젠가 아이들에게 '빗속의 사람'을 주제로 그림을 그려보라고 했습니다. 아이들에게 글을 써 보라고 했을 때와는 달리 그림 그리기 시간은 비교적 부담 없이 편하게 그립니다. 점이든 선이든 손 가는 대로 그리는 거니까요.

그런데 점 하나, 선 하나에도 의미가 없는 것은 없습니다. 그림을 그리면서 아이들은 수많은 상상을 합니다. 그다음 그 장면을 글로 표현해 보라고 하면 아이들의 끊임없는 상상력이 글로 펼쳐집니다. 평소에 글을 잘 못 쓰는 아이들도 자기 생각을 편하게 풀어놓습니다. 아이들도 자신이 쓴 글을 보고 뿌듯해 합니다. 글쓰기를 어려워하는 친구들을 지도할 때 그림을 응용한 글쓰기를 추천합니다.

은주쌤의 글쓰기 수업!

그림을 응용하여 글쓰기

❶ 아이들이 좋아하는 미술 재료를 준비해요.
- ✓ 종이와 연필처럼 간단한 준비물이 좋아요. 활동의 주목적은 그림보다 글쓰기이니까요.

❷ 그림 주제를 제시해요.
- ✓ 예를 들어 '빗속의 사람', '흰 눈 속의 사람' 등 사람을 주인공으로 해서 명확한 상황을 제시해 주세요.
- ✓ 사람을 주인공으로 그릴 때, 자신 또는 친밀한 사람을 투영하기 때문에 이야기가 무궁무진하게 나와요.

❸ 그림을 그린 후 장면을 말로 설명해 보게 합니다.

❹ 말한 것을 글로 써 보게 합니다.
- ✓ 제목은 글을 다 쓴 후에 적는 게 좋습니다. 글을 다 쓴 후에야 주제가 더 명확하게 보여요.

❺ 글을 다 쓴 후 소리 내 읽어봅니다.

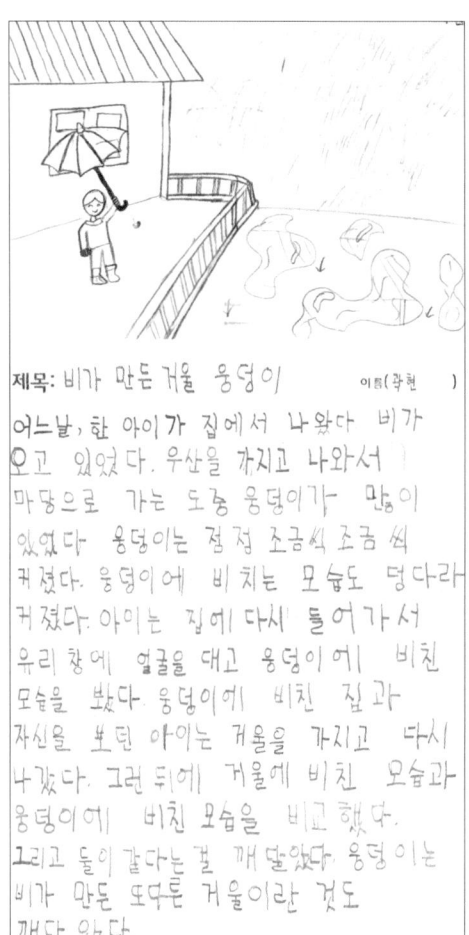

먼저 그림을 그리고 글을 쓰면, 그림을 보면서 각 요소를 설명하듯 글을 쓸 수 있어서 글쓰기가 훨씬 쉬워집니다. 글을 짧게 쓰던 아이도 그림을 그린 다음 글을 쓰게 하면 훨씬 길고 자유롭게 글을 쓰는 모습을 볼 수 있을 것입니다.

은주쌤의 글쓰기 교육 TIP

정말 중요해요, 올바르게 연필 잡기

　초등학교 1학년 선생님이 가장 힘들어하는 것은 무엇일까요? 그것은 학생들의 학습 수준 차이가 생각보다 크다는 점입니다.

　1학년 국어 교과에서는 자음과 모음을 배웁니다. 그런데 아이들이 이미 각각 다른 곳에서 다양한 모습으로 한글을 배워 와서 선생님은 당황합니다. 동그라미를 거꾸로 쓰는 아이, 받침을 먼저 쓰는 아이, 오른쪽 획을 먼저 쓰는 아이도 있습니다. 올바른 방법으로 쓰도록 1년 내내 공들여도 한번 든 버릇은 쉽사리 고쳐지지 않습니다. 심지어 고학년이 되어서도 잘못된 연필 잡기로 글을 쓰다 보니, 학습에도 안 좋은 영향을 끼칩니다. 그래서 때로 선생님들은 한글을 잘못 배워 오느니 차라리 아무것도 안 배워 오면 좋겠다고 하소연합니다.

　요즘 아이들은 컴퓨터로 글씨를 많이 쓸 텐데 연필 잡는 게 대수일까 생각하지만, 연필 잡기는 아주 중요합니다. 바르게 연필을 잡지 않으면 글자 모양이 반듯하지 않고 속도도 느립니다. 또, 획순에 따라 쓰지 않으면 글씨를 쓰는 것이 아니라 그리게 됩니다. 글씨 쓰는 게 어려우면 쓰는 것 자체를 회피하게 되고, 더더욱 공부에 흥미를 붙이지 못할 수 있습니다.

　연필을 올바르게 잡는 것은 초등학교 1학년 때 반드시 갖추어야 할 학습 기능 중 하나입니다. 연필을 제대로 잡지 않으면 손에 불필요한 힘이 많이

들어 오랫동안 연필을 잡기 힘들어지거나 반대로 힘이 안들어가 글씨를 쓰기 어려워집니다. 연필 잡기가 어렵다면 교정용 젓가락처럼 보조 기구를 이용하는 것도 좋습니다.

올바른 연필 잡기 방법은 '세 손가락 모아 잡기'입니다. 엄지, 검지, 중지 세 손가락이 한 점으로 모이도록 잡아서 세 손가락 모아 잡기라고 합니다.

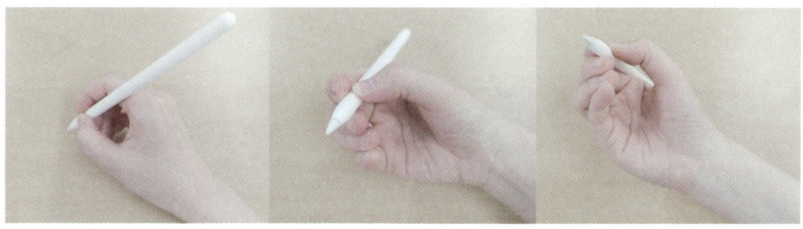

연필심에서 2~3cm 정도 떨어진 곳을 엄지와 검지로 잡습니다. 그리고 중지로 연필 아래쪽을 받쳐 잡습니다. 위에서 보면 엄지와 검지로 동그라미 모양이 만들어집니다. 아래에서 보면 엄지, 검지, 중지가 삼각형 모양을 이루게 됩니다. 약지와 소지는 자연스럽게 중지 아래에 붙이면 달걀을 살며시 쥔 듯한 모양이 됩니다. 연필 몸통은 자연스럽게 엄지와 검지 사이에 기대어 줍니다.

연필을 고를 때는 2B 정도의 연필심이 좋습니다. 너무 진하고 무른 4B 연필은 쉽게 뭉개지고 번져서 불편합니다. 연필 몸통은 둥글거나 사각, 팔각보다는 육각 연필이 좋습니다. 굵기도 너무 굵거나 가늘지 않은 보통 굵기의 연필을 사용해야 합니다.

5장

자기 주도 학습을 돕는 학습 정리 공책 쓰기

✅ 학습 정리 공책을
써야 하는 이유

수업 시간에 아이들에게 중요한 내용을 필기하라고 하면 이렇게 대답합니다.
"저는 안 적어도 돼요. 다 기억할 수 있거든요."
"책에 다 나와 있는데 굳이 공책에 적어야 해요? 저는 쓰기 싫은데…."
지금 배워서 다 알겠고, 책에도 나와 있는데 손 아프게 왜 적느냐는 것입니다. 똑같은 수업을 들어도 머릿속에 남는 내용은 저마다 다릅니다. 지난 시간 수업 내용을 물어봤을 때 잘 대답하는 아이들을 보면 하나같이 잘 기록된 학습 정리 공책이 증거처럼 남아 있습니다.

초등학생 책상 서랍에는 많은 물건이 들어차 있습니다. 교과서, 유인물, 읽던 책, 학용품, 슬라임 장난감까지 만물상이 따로 없습니다. 서랍이 터지기 직전입니다. 이런 경우 수업에 꼭 필요한 교과서나 공책을 찾느라 정신없어서 공부하는 데에도 차질이 생깁니다. 그럴 때는 서랍 속의 모든 물건을 다 꺼낸 다음 교과서, 연필, 지우개 등 공부할 때 필요한 것만 두고, 나머지는 버리거나 집으로 가져가게 합니다.

학습 정리 노트도 이와 같습니다. 아이들은 하루 동안 여러 교과목의 내용을 보고, 듣고, 씁니다. 그 모든 걸 전부 기억하기란 초등학생에게 참 어려운 일입니다. 그중 중요한 내용만 정리해서 머릿속에 새기면 더 오래도록 기억할 수 있고, 정보가 필요할 때 꺼내 쓰기도 좋습니다. 그러려면 나의 말과 방법으로 적어보는 과정이 필요한 것입니다.

학습 정리 공책 쓰기의 장점

간혹 "가뜩이나 공부하느라 바쁜데 공책 정리까지 하는 건 시간 낭비 아닌가요?"라고 반문하시는 분도 있습니다. 또는 공책 정리를 단순 반복하는 기계적 학습 방법이라 오해하는 분도 있습니다. 이런 오해와 다르게 학습 정리 공책 쓰기에는 여러 장점이 있습니다.

첫째, 능동적인 학습자가 되도록 도와줍니다. 공책 정리를 할 때는 그날 배운 내용을 스스로 되새기고, 나만의 언어로 구조화하여, 손으로 한 자 한 자 적습니다. 이것이 습관이 되면 스스로 학습 과정을 계획하고 실행하는 자기 주도 학습을 잘할 수 있습니다. 더하여 잘 정리된 학습 정리 공책은 나를 위한 맞춤 참고서이자 문제집이 됩니다.

둘째, 학습 내용을 오래 기억할 수 있습니다. 독일의 심리학자인 에빙하우스의 망각 곡선에 의하면 학습이 끝나고 10분 후부터 망각이 시작되며, 1시간만 지나도 이미 절반 정도를 잊어버리고 하루가 지나면 약 70%를 잊어버린다고 합니다.

학년이 올라갈수록 학습 내용도 점점 많아지고 그 많은 내용을 다 기억하기란 어려우므로, 1~2학년 때부터 공책 정리 습관을 들이는 것이 좋습니다. 수업 시간에는 다 기억할 수 있을 것 같지만, 다시 설명해 보라고 하면 아이들은 대답을 잘하지 못합니다. 온전히 이해하지 못했기 때문입니다. 내 것으로 완전히 소화한 학습 내용은 잘 잊어버리지 않습니다.

셋째, 집중력을 기를 수 있습니다. 공책 정리를 잘하는 아이는 수업 집중력도 높은 편입니다. 교사가 아무리 많은 걸 가르쳐주어도 학생이 의지적으로 집중해 들어야 학습이 됩니다. 아이들은 겉으로는 다 똑같이 잘 듣는 것처럼 보여도 집중력에 따라 수업 내용을 선택적으로 인지합니다. 공책 정리를 하기 시작하면 학습 내용을 적어야한다는 생각 때문에라도 수업 내용에 잘 집중하게 됩니다.

넷째, 논리력을 기를 수 있습니다. 공책 정리를 하려면 수업 내용 중 중요한 내용을 잘 찾아서 요약해야 합니다. 핵심 단어를 찾고, 그 단어들을 잘 연결해 완성된 문장으로 적다 보면 논리적 사고력이 자라납니다.

다섯째, 공책 정리는 공부 실력을 향상시킵니다. 그 이유는 '메타 인지'에 있습니다. 메타 인지는 상위 인지, 초인지라고도 하며 자신의 인지 과정을 관찰하고 관리하며 통제하는 능력입니다. 메타 인지가 뛰어나면 내가 알고 있는 것과 알지 못하는 것을 구분할 수 있어서 공부할 때에 큰 도움이 됩니다.

이런 메타 인지를 효과적으로 높이는 학습 방법 중 하나가 바로 글쓰기입니다. 왜냐면 글을 쓰는 과정에서 생각을 문자로 시각화하면서 인식하는데, 이때 자신이 쓴 글을 전지적 작가 시점으로 보면서 자기 자신을 객관적으로 바라볼 수 있기 때문입니다. 내가 쓴 글을 통해 내가 알고 있는 정보와 모르는 정보가 명확하게 드러나므로 메타 인지 향상에 도움이되고, 결과적으로는 공부 실력의 향상을 가져옵니다.

학습 정리 공책, 어떻게 쓰나요?

공책 정리에서 가장 중요한 점은 배운 내용의 핵심을 찾고 요약해서 적는 것입니다. 저희 반은 앞에서 소개한 날단학공소 학습 정리 공책을 사용하고 있습니다. 공책 1페이지에 하루 동안 배운 내용을 과목별로 요약, 정리해서 씁니다.

▲ 날단학공소 공책 예시

날단학공소 공책 쓰는 방법

날짜/날씨	2023.8.22.화 / 햇볕 쨍쨍 여름아 빨리 물러가라
1~2교시 국어	독서 (단원의 제목을 적어요)
학습주제	인상 깊은 내용을 정리하며 책을 읽을 수 있다. (학습 목표를 적어요)
공부한 내용	도서관에서 판다 발자국, 꽃보다 책 읽기, 단어 찾기를 했다. 만복이네 떡집 1, 2, 3권을 빌렸다. (새로 알게 된 사실, 배운 내용을 적어요)
소감	내가 꼭 다독 어린이가 될 거다. (배운 내용에 대한 내 생각과 느낌, 재미있거나 기억에 남는 것을 써요)
3교시 수학	1. 곱셈
학습주제	일의 자리에서 올림이 있는 (세 자리 수)×(한 자리 수) 계산 원리와 형식을 이해하고 계산할 수 있다.
공부한 내용	225×3 = 675 받아 올림 주의!
소감	(세 자리 수)×(한 자리 수)는 받아 올림을 해도 쉽다.
4교시 사회	우리 고장의 환경과 생활 모습
학습주제	자연환경과 인문환경 알아보기
공부한 내용	자연환경은 ①자연 그대로 생겨난 것 ②땅의 생김새 ③날씨에 영향을 주는 것, 인문환경은 사람들이 자연환경을 이용해 만드는 것

자연환경	인문환경
산, 들, 바다, 날씨	논, 밭, 항구, 목장, 저수지, 다리, 스키장

소감	자연환경과 인문환경 구분하기가 조금 헷갈린다.
하루 소감	도서관에 가서 엎드려 책을 읽은 것이 가장 재밌었다. 시간이 너무 빨리 지나갔다. 한 번 더 가고 싶다. (하루 동안 느낀 점, 궁금했던 것 등 종합적인 소감 적기)

❶ 날짜/날씨 : 날짜를 적고, 날씨를 감각적 표현을 살려 씁니다.

❷ 단원 : 과목과 단원 제목을 씁니다. 대단원, 중단원, 소단원 등을 구분하여 적습니다.

❸ 학습주제 : 교과서에서 학습주제, 학습 목표를 찾아서 적습니다. 학습 목표는 수업의 가장 핵심적인 내용이 포함되어 있으므로 잊지 말고 꼭 적습니다.

❹ 공부한 내용 : 수업 내용 중 중요하다고 생각되는 내용을 적습니다. 공책 정리를 처음 해 보는 아이들은 어려울 수 있으므로 배운 내용 중 한 가지만 골라서 적어도 괜찮습니다.

✓ 교과서에서 핵심 단어(선생님이 반복해서 말한 단어, 단원 제목이나 학습 목표에 포함된 단어, 교과서에 굵게 표시되어 있거나 강조된 단어)들을 볼펜 또는 형광펜으로 표시합니다.

✓ 중요한 문장을 밑줄 그어 가며 읽고 의미를 생각해 봅니다.

✓ 알게 된 내용을 한 문장으로 설명해 보고 공책에 적습니다.

❺ 소감(정리, 질문) : 배운 내용에 대한 내 생각과 느낌, 재미있거나 기억에 남는 것을 씁니다. 궁금한 점이 있다면 질문을 쓰고 답도 찾아봅니다.

※ 유의사항

✓ 선생님이 반복해서 중요하게 설명하는 부분은 꼭 중요 표시를 합니다.

✓ 수업 중에 제시되는 다양한 정보, 사실뿐만 아니라 내 생각과 느낌도 필기합니다.

✓ 마인드맵, 도표, 그림 등을 사용하여 시각 효과를 더합니다.

✅ 학습 정리 공책,
잘 쓰게 만드는 비법

공책 정리 방법은 조금만 찾아보면 책과 영상이 수두룩합니다. 그러나 진짜 중요한 것은 한 가지라도 아이에게 맞는 방법을 꾸준히 실천하는 겁니다. 아이에게 공책 정리 습관을 갖게 하는 가장 효과적인 방법을 소개하고자 합니다.

그건 바로 아이들이 쓴 글에 댓글을 달아주는 겁니다. 저희 반은 매일같이 학습 정리 공책을 씁니다. 그리고 금요일에는 일주일간 가장 즐거웠던 일, 기억나는 일을 돌이켜보며 날단학공소 공책에 부모님께 보내는 편지를 씁니다. 가장 재미있었던 일을 되새기고 쓰는 거라서 어려워하지 않습니다. 엄마 아빠가 자기 공책을 본다고 생각하니 아이는 더 열심히 쓰려고 노력하고, 부모님은 아이가 일주일간 어떻게 생활했는지 알 수 있으니 일석이조라고 할 수 있습니다.

처음에 공책 정리를 시켰을 때는 아이들이 큰 의욕을 보이지 않았는데, 부모님의 댓글을 받아오면서부터 눈에 띄는 변화가 나타났습니다. 학교에서 일어난 시시콜콜한 이야기로 부모님과 이어질 수 있다는 것을 알게 된 아이들은 저절로 열심히 공부할 마음을 갖게 됩니다. 실제로 학기 초에는 글쓰기를 잘하지 못했던 아이들이 학기가 마무리될 즈음에는 글쓰기 실력이 괄목상대한 걸 보게 되었습니다. 공책 정리를 잘하려다 보니 수업에 집중하고, 자연스럽게 공부 실력도 늘었습니다. 무엇보다도 부모님과 소통하고 격려를 받으면서 행복해하는 아이들을 지켜보는 게 가장 큰 보람이었습니다. 부모님 또한 답장을 통해 아이의 감정에 공감하고, 학업에 대해 당부하고, 또 삶의 방향과 가치를 이야기하는 기회가 되었습니다.

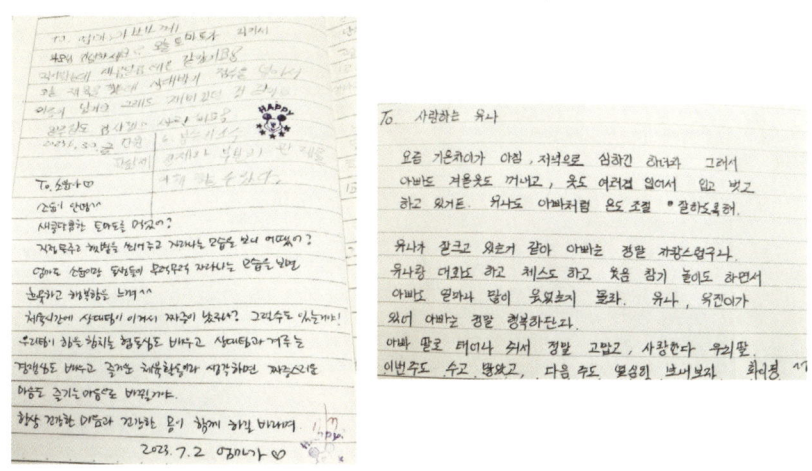

▲ 아이들의 편지와 부모님의 답장

아이들의 편지에는 부모님께 말로는 미처 전하지 못한 여러 고민과 감정이 담겨 있습니다. 부모님의 답장에는 먼저 삶의 길을 걸어간 어른들의 지혜와 사랑이 담겨 있습니다. 체육 시간에 상대 팀을 이기지 못해 짜증 난 아이에게 협동심과 건강한 경쟁심을 가르쳐 주기도 하고, 존재만으로도 감사한 아이들에게 예쁜 문장으로 사랑을 표현하기도 합니다.

이처럼 부모님의 답장을 받은 아이들은 수업 시간에 충실하고, 집중도 잘하는 모습을 볼 수 있습니다. 아이의 글에 답장하기는 부모와 자녀를 이어 주고, 공책 정리 습관도 갖게 하는 최고의 비법입니다.

학교에서 작품을 만들면 아이들은 집에 가져가고 싶다고 합니다. 교실에 작품을 게시하면 좋을 텐데 집에 가져간다고 하죠. 왜 그러냐고 물어보면 집에 가서 엄마에게 보여드리고 싶다고 합니다.

한번은 과학 실험을 하면서 친환경 물주머니를 만들었습니다. 비린내도 나고, 아무 곳에도 쓸모없어 보이는 물주머니를 소중하게 담아갑니다. 그리곤 이렇게 혼잣말을 합니다.

"이거 가져가면 엄마가 나 칭찬해 주실까? 아니야 칭찬해 주실 거야."

부지런히 챙겨가는 아이들의 마음이 제게도 전해졌습니다. 아이들은 언제나 부모님 칭찬을 받고 싶어 합니다. 자기가 쓴 글에 부모님의 칭찬 댓글을 잘 받은 아이들은 그 어떤 친구보다 책을 잘 읽고, 글을 잘 씁니다.

아이들은 부모님이라는 거울을 보고 글을 씁니다. 부모님의 칭찬이 구체적이면 아이들의 행동도 구체적입니다. 부모님의 글이 긍정적이면 아이들의 말과 행동이 긍정적으로 바뀝니다. 부모님이 글쓰기를 한 대로 아이들은 글을 쓸 수 있습니다.

책·좋·아(我) 독서 기록 카드로 문해력 높이기

　문해력은 글을 읽고 이해하는 능력입니다. 그러기 위해서는 단어와 문장을 의미 있게 접하는 것이 중요해요. 단어와 글이 내 것이 되도록 노력하는 시간이 필요합니다.

　책을 읽고, 읽은 내용으로 대화하면서 메모하는 것부터 시작해요. 그런 다음 글에서 핵심 단어를 찾거나 내가 좋아하는 단어를 찾아서 말해 보세요. 단어 찾기가 익숙해지면 내가 좋아하는 문장을 찾고 베껴 써 보세요. 서로 질문하고 답하다 보면 좋아하는 문장이나 중심 문장을 더 잘 찾을 수 있어요.

　글쓰기는 아이들이 쓰는 만큼 실력이 늘기 때문에 시간과 훈련이 필요합니다. 매일 읽고, 매일 기록하는 일상이 반복되면 아이들의 문해력은 저절로 향상됩니다. 중요한 것은 매일 한 줄이라도 기록하는 거예요. 자, 지금이라도 시작해 볼까요?

　하루 10분 이상 책을 읽고, 내가 좋아하는 문장을 '책·좋·아(我) 독서 기록 카드'에 기록합니다.

　① 책 : 책 제목을 씁니다.
　　✓ 핵심 단어 또는 내가 좋아하는 단어도 찾아서 써 봅니다.
　② 좋 : 기억나거나 내가 좋아하는 문장, 새로 알게 된 문장을 씁니다.
　③ 아 : 그 문장을 고른 이유, 내 생각과 느낌을 간단히 씁니다.

날짜	책 제목	기억나는 문장 / 아 내 생각과 느낌
12.3	오즈의 마법사	그렇다면, 나랑 함께 갈래? 허수아비, 양철 나무꾼, 사자도 함께 가기로 하였어요. 도로시가 함께 가고 싶어하는 친구들과 같이 가준 것이 인상 깊다. 꿈이 나에게 다가오게 하지 말고 내가 그 꿈에게 찾아가야 한다. 아주 간절하게!
12.4	책 먹는 여우	안 그랬다면 그 책은 여우 아저씨의 배 속으로 영영 사라지는 거잖아요. 나도 책을 먹으며 배 속에 책의 지식을 쌓아야겠다. 책을 읽기만 하는 것보다 책 내용을 먹자!

6장

삶을 채워주는 일기 쓰기

✅ 일기 쓰기에 숨겨진 놀라운 가치

우리가 날마다 보내는 하루는 86,400초입니다. 1초, 1초의 시간이 모여 만들어진 하루는 매우 소중한 선물입니다. 우리 인생의 기초 단위인 '오늘'은 날마다 새롭고 특별한 일로 가득 차 있습니다. 이 귀한 오늘을 기록하는 글이 바로 일기입니다.

2004년에 국가인권위원회가 '일기 검사'는 아동의 인권을 침해할 수 있다고 지적한 이후, 초등학교 교실에서 매일 일기 쓰는 아이들을 보기가 힘들어졌습니다. 그러나 일기 쓰기에는 소홀히 하기에는 아까운 여러 가지 유익이 있습니다.

일기의 가장 큰 장점은 불확실한 '기억'이 아닌, 확실한 기록인 '글'로 나만의 역사를 남긴다는 것입니다. 아이들이 남긴 일기를 통해 아이 개인뿐만이 아닌 우리 가족의 역사를 알 수 있기도 합니다. 자신의 성장 과정을 스스로 지켜볼 수 있다는 건 큰 유익입니다. 그만큼 일기는 아주 큰 가치가 있는 글쓰기입니다.

일기는 쓰는 행위 그 자체로도 많은 도움이 됩니다. 일기를 쓰기 위해 하루 동안 무슨 일이 있었는지 차근차근 되짚어보면서 남들은 보지 못했던 것을 볼 수 있는 관찰력이 생깁니다. 또한, 매일 자신을 돌아보고 반성하면서 더 나은 미래를 준비할 수 있습니다. 내일은 오늘보다 더 잘 살겠다고 다짐

하고 새로운 계획을 세울 수 있습니다. 이러한 긍정적인 자기 성찰을 날마다 하게 되는 것입니다.

 일기 쓰기 습관이 잘 형성되면 사춘기 때 남들에게 말할 수 없는 감정을 표출하는 창구가 되기도 합니다. 매일 무엇보다도 이렇게 생각하고 고민하며 쓰는 일기는 최고의 글쓰기 연습이 됩니다. 매일 일기를 쓰는 사람은 하루하루 아무 기록도 남기지 않는 사람에 비해 엄청난 이득을 보고 있는 것입니다.

✅ 1문장씩 늘려 나가며 일기 쓰기

　초등학교에 입학해서 자음과 모음을 익히고 간단한 낱말을 배우던 아이들이 갑자기 문장으로 일기를 쓰는 건 굉장히 부담되는 일입니다. 실제로 1학년 아이들 대부분은 일기 쓰는 걸 매우 어려워합니다. 그러므로 일기 쓰기를 배우기 전부터 생각을 문장(말 또는 글)으로 표현하는 습관을 길러주면 좋습니다. 아이가 문장을 쓰기 시작할 때부터 1문장이라도 일기를 쓰게 합니다. 이렇게 단계적으로 일기 쓰기에 접근하는 게 좋습니다.

　일기 쓰기는 1학년 2학기 국어 '겪은 일을 써요' 단원에서 배웁니다. 저는 이 단원이 시작되기 전에 아이들에게 1문장 일기 쓰기를 한 달 정도 하게 해 봅니다. 주제는 어떤 것이어도 좋습니다. 주말 동안 있었던 일, 보거나 들은 것, 먹은 것 등 생활과 관련된 주제로 1문장 일기를 씁니다. 처음에는 막연하게 쓰라고 하는 것보다 주제를 정해주면 아이들이 고민하지 않고 쓸 수 있습니다. 요일별로 주제를 정해서 일기장 앞에 붙여 주어도 좋습니다.

월	화	수	목	금
주말에 있었던 일	오늘 보거나 들은 것	가장 재미있었던 일	오늘 점심으로 먹은 것	친구와 있었던 일

▲ 요일별 일기 주제 예시

　익숙해지면 자기가 쓰고 싶은 걸 쓰게 합니다. 이 방법은 저학년뿐만 아니라 글쓰기를 좋아하지 않는 아이들에게 적용해도 좋습니다. 1문장 일기 쓰기를 4주 정도 진행하여 익숙해지면 2문장, 3문장으로 늘려갑니다.

  일기장은 1~2학년의 경우 10칸 공책보다는 15칸짜리 공책을 사용하는 게 좋습니다. 문장이 되도록 끊어지지 않고 한 줄로 이어지는 것이 문장 쓰기 연습에 좋기 때문입니다. 3학년 이상이라면 학습 정리 공책 한편에 쓰거나 별도의 일기장을 마련하여 써도 좋습니다.

  일기 쓰는 시간은 점심시간, 귀가 후, 저녁 먹기 전, 자기 전 등으로 정해 두고 규칙적으로 쓰는 게 습관을 형성하기 좋습니다. 꼭 하루가 다 끝난 시점에 쓰지 않아도 괜찮으며, 하루 동안 겪은 일 중에 인상 깊었던 일을 쓰면 됩니다.

1문장 일기 : 경험한 일

  1문장 일기의 경우 하루 중 있었던 일(경험)을 사실적으로 적습니다.

20	23	년		8	월		29	일						
	오	늘		5,	6	교	시		도	덕		시	간	에
알	뜰	시	장		놀	이	를		했	습	니	다	.	

20	23	년		9	월		12	일						
	점	심	시	간	에		텃	밭	에	서		친	구	와
방	아	깨	비	를		관	찰	했	습	니	다	.		

2문장 일기 : 경험한 일 + 느낌

  있었던 일(경험) 1문장과 그에 대한 느낌이나 감정 1문장을 적습니다.

20	23	년		9	월		11	일						
	주	말	에		엄	마	,	아	빠	,	동	생	과	
이	모		집	에		갔	습	니	다	.	오	래	간	만
에		만	나	서		참		반	가	웠	습	니	다	.

3문장 일기 : 경험한 일 + 느낌 + 생각(소망, 다짐 등)

있었던 일(경험) 1문장과 그에 대한 느낌 1문장, 관련하여 떠오르는 생각도 1문장 적습니다.

	20	23	년			9	월		6	일				
	과	학		시	간	에		잠	자	리	,	호	랑	나
비	,	귀	뚜	라	미	,	무	당	벌	레	,	송	충	이
를		만	났	습	니	다	.	그	중	에		호	랑	나
비	가		가	장		예	뻤	습	니	다	.	다	음	에
또		관	찰	하	고		싶	습	니	다	.			

	20	23	년			9	월		12	일				
	점	심	시	간	에		텃	밭	에	서		친	구	와
방	아	깨	비	를		관	찰	했	습	니	다	.	방	아
깨	비	가		텃	밭	에		있	다	니		참		신
기	했	습	니	다	.	더		많	은		곤	충	들	이
텃	밭	에		살	았	으	면		좋	겠	습	니	다	.

문장 부호와 흉내 내는 말을 넣어서 일기 쓰기

일기 쓰기 단원에서는 일기의 특징(날짜, 요일, 날씨, 겪은 일, 생각)을 살펴보고 직접 일기를 써 봅니다. 일기를 쓸 때는 전 단원들에서 배운 내용을 활용합니다. 특히 일기는 있었던 일을 묘사하는 성격이 강하기 때문에 말이나 생각을 표현하는 문장 부호, 그리고 흉내 내는 말(의성어 및 의태어)을 사용하기 좋습니다.

1학년 1학기 국어 '소리 내어 또박또박 읽어요' 단원에서는 문장 부호에 대해 배우고, 문장 부호에 따라 띄어 읽는 연습을 합니다. 1학년 2학기 국어

'소리와 모양을 흉내 내요' 단원에서는 의성어와 의태어를 배웁니다. 이렇게 이전에 배운 내용을 활용할 수 있도록 일기를 써 보면 좋습니다. 큰따옴표와 작은따옴표 등의 문장 부호, 흉내 내는 말을 넣어 일기 쓰기를 연습합니다.

   문장 부호를 넣어 일기를 쓸 때 15칸 공책을 사용하면 원고지 사용법도 함께 배울 수 있습니다. 아래 내용을 일기장 맨 앞장에 적어주고 참고해서 쓸 수 있도록 하면 좋습니다.

❶ 물음표(?), 느낌표(!)는 한 칸을 차지하여 쓰고 다음 칸은 비웁니다.

❷ 온점(.), 반점(,)은 한 칸을 차지하여 쓰지만, 다음 칸은 비우지 않습니다.

❸ 온점(.) + 큰따옴표(" ")·작은따옴표(' ')로 문장이 끝날 때는 온점(.)과 따옴표를 한 칸에 씁니다.

❹ 큰따옴표(" "), 작은따옴표(' ')로 문장을 시작할 때는 앞에 한 칸을 비우고 씁니다.

❺ 물음표(?)·느낌표(!) + 큰따옴표(" ")·작은따옴표(' ')로 문장이 끝날 때는 따옴표를 물음표와 느낌표 다음 칸에 씁니다.

		20	23	년		7	월		10	일				
		<	곤	충		관	찰	>						
		오	늘		1	교	시	에		곤	충	관	찰	을
했	다	.		텃	밭	에		있	었	는	데		선	생	님
이			우	리	를		부	르	셨	다	.			
		"	얘	들	아	,	여	기		무	슨		소	리	가
나	는	데			와	서		들	어	볼	래	?	"	
		"	네	,	선	생	님	!	"					
		아	이	들	은		너	도	나	도		뛰	어	갔	다.
엄	청			큰		호	랑	나	비	가		팔	랑	팔	랑

나를 쫓아왔다.
'나비가 날 좋아하나 봐.'
갑자기 기분이 좋아졌다. 운
동장 뒤 풀숲에 가 보았더니
귀뚤귀뚤, 맴맴, 스르륵스르륵
다양한 소리가 들렸다. 풀벌레
소리가 듣기 좋았다.

흉내 내는 말은 사람이나 사물의 모양과 소리를 흉내 내어 나타내는 말입니다. 흉내 내는 말을 넣어서 글을 쓰면 글이 실감 나고 재미있으며, 좀 더 생생하게 표현할 수 있습니다. 소리를 흉내 내는 말을 의성어라고 하고, 모양이나 움직임, 모습 등을 흉내 내는 말을 의태어라고 합니다. 흉내 내는 말은 특히 동시나 그림책에 자주 등장하는데, 평소 동시와 그림책을 많이 읽으면 자연스럽게 익히게 됩니다. 흉내 내는 말을 3가지 이상 사용해서 일기를 써 보도록 합니다.

2023년 9월 29일
< 독감 주사 따끔따끔 >
10월 둘째 주 토요일에 이
비인후과에서 엄마와 동생과
독감 주사를 맞았다. 주사는
별로 안 아플 것 같아서 긴
장을 늦추고 기다리는데, 막상
순서가 한 걸음, 한 걸음 다
가오니 가슴이 콩닥콩닥 뛰고
긴장이 되었다. 이제 내 차례
가 되어 쿵쾅쿵쾅 뛰는 심장
의 흥분을 내리고 주사를 맞
았다. "아야!" 주사가 생각보
다 아파 나도 모르게 비명이
나왔다. 계속 따끔따끔하다.

날씨를 다양하게 표현하기

일기에는 그날 날씨를 적기도 합니다. 아이들에게 날씨를 써 보라고 하면 '맑음', '흐림', '비', '추움' 등 아주 단순하게 표현합니다. 이렇게 단순하게 표현하는 것보다 자신만의 언어로 날씨를 표현하면 더욱 풍부하고 재미있는 글이 됩니다.

미처 깨닫지 못하지만, 세상은 날마다 경이롭습니다. 매일의 바람결이 다르고, 습도가 다르고, 온도가 다르고, 구름 모양도 다릅니다. 그날의 기분에 따라 다가오는 느낌도 다릅니다. 날마다, 순간마다 달라지는 풍경을 오감이라는 창으로 관찰하고 문장으로 쓰게 합니다. 어려워한다면 질문을 통해 아이들의 솔직하고 순수한 표현을 이끌어 내 봅니다.

"하늘의 구름이 어떤 모양으로 보이니?"

"아기 양이 엄마를 쫓아가는 것처럼 보여요."

"오늘 학교에 오면서 무슨 소리를 들었니?"

"바람이 슝슝 불어서 나뭇잎이 많이 흔들렸어요."

"오늘 아침 날씨가 덥지는 않았니?"

"아침은 덥지 않았는데, 점심에는 점점 더워졌어요."

바람 부는 추운 겨울날	북극에서 내려온 바람이 내 몸 안까지 들어와 오들오들 떤 날. 온 세상이 냉동고가 되어 뜨거운 여름날이 한없이 생각나는 날. 겨울바람이 추워서 우리 집 들어오고 싶다고 달그락 문 두드린 날. 손가락이 얼음처럼 붙어서 떨어지지 않을 것처럼 추운 날. 겨울 왕국 엘사 공주가 우리나라에 놀러 온 날. 잎 하나 없이 맨몸으로 바람을 맞는 나무가 추워 보이는 날.
뭉게구름 가득한 날	하얀 구름 솜사탕들이 하늘을 뭉게뭉게 가득 채운 날. 에메랄드빛 바다에 하얀 돛단배 둥실둥실 떠다니는 날. 풀밭에 누워 구름 천사들과 놀고 싶은 날. 하얀 구름 비행기 타고 머나먼 우주여행 떠나고 싶은 날. 포근한 하얀 구름 솜이불에 누워서 쉬고 싶은 날.
해 쨍쨍한 여름날	해님이 따끈따끈하게 온풍기를 틀어준 날. 지구가 지글지글 끓어서 내 마음도 부글부글 끓는 날. 눈이 부셔서 선글라스를 써야 해님을 볼 수 있는 날. 아이스크림이 3초 안에 녹아버려 겨울 얼음 생각나는 날. 너무 더워서 매미가 힘내라고 응원하는 날. 수영장에 들어가서 하루 종일 나오고 싶지 않게 더운 날.
비 오는 날	새로 산 우산으로 비를 톡톡 맞으며 걷고 싶은 날. 이러다가 우리 집이 떠내려갈까 봐 걱정되는 날. 엄마가 사주신 장화 신고 운동장에서 비 웅덩이 보고 싶은 날. 비가 와서 운동장에서 체육 못해서 속상한 날.
눈 오는 날	겨울 왕국 올라프가 눈사람 만들기 좋은 날. 하늘 아래 사람들이 너무 추울까 봐 하얀 이불을 가득 덮어준 날. 눈으로 아이스크림 만들어서 친구와 같이 먹고 싶은 날. 우리 동네 사람들 모두 눈사람 만들 수 있을 정도로 많이 온 날.
맑게 갠 날	내가 좋아하는 보름달을 밤새도록 볼 수 있는 날. 비 오는 사이 어디 갔다가 다시 온 해님이 무지개를 데리고 온 날. 황사가 물러가서 마스크 안 쓰고 숨통이 트이는 날.

▲ 날씨를 다양하게 표현한 예시

일기 쓰기, 이렇게 해 보세요

첫째, 아침에 일어나고부터 일기 쓰기 전까지 인상 깊었던 일을 한두 가지만 자세하게 씁니다. 먼저 기억에 남는 일 3가지를 적어 보고, 그중 한 가지를 일기 주제로 정합니다. 그날과 상관없이 특별히 쓰고 싶은 주제가 있으면 그것을 써도 괜찮습니다.

둘째, 꾸미거나 과장하지 않고 솔직하게 씁니다. 일기는 있는 모습 그대로 솔직하게 쓰는 것이 아주 중요합니다. 일기는 반성문이 아닙니다. 일이 일어날 때 들었던 나의 마음과 생각을 쓰되, 반성이 꼭 들어가지 않아도 된다고 알려줍니다. 나의 마음을 구체적으로 표현하기 어렵다면 감정 단어들을 일기장 앞에 붙여두고 자신의 마음을 확인하여 좀 더 정확하게 표현할 수 있도록 합니다.

셋째, 내게 있었던 일을 부모님이나 친구, 선생님 등 누구에게 말하듯이 평어체로 씁니다. 그렇다고 일기가 다른 사람을 보여주기 위한 글은 아닙니다. 형식에 구애받지 않고 거짓 없이 기록하는 것이 중요합니다. 마인드맵, 그리기 등 다양한 형식으로 자유롭게 쓸 수 있도록 알려줍니다. 그날 쓸 것이 없으면 책을 읽고 난 후 느낌을 쓰거나, 시를 써도 됩니다.

넷째, 쓰는 시간과 장소를 정해놓고 짧더라도 꾸준히 쓰도록 합니다. 이를 위해 아이의 하루 중 일기 쓰기가 가장 좋은 시간을 정해서 쓰는 게 좋습니다. 즐거운 일을 경험한 후 바로 글로 옮겨 적어야 재미있고 생생한 글을 쓸 수 있습니다. 저는 하교 후 집에 도착하자마자 바로 일기를 쓰는 것을 추천합니다. 자기 전에 일기를 쓰면 몸이 피곤하고 졸려서 일기 쓰기를 귀찮아하고, 잘 기억나지 않아서 쓰는 것을 어려워할 수 있습니다.

다섯째, 날마다 되풀이되는 똑같은 이야기보다 새로운 이야기를 씁니다. 새로운 이야기를 찾기 어려우면 날마다 달라지는 날씨를 자세히 문장으로 써 보는 것도 좋습니다. 처음에는 어려워할 수 있지만 쓰다 보면 아이의 놀라운 관찰력과 함께 문장력이 향상되는 것을 볼 수 있습니다.

여섯째, 언제(때), 어디서(장소), 누구와 있었던 일인지, 인물과 명칭을 분명하게 씁니다. 날짜나 요일 외에도 일기를 쓴 시각을 'O시 O분 ~ O시 O분'으로 적어두면 시간을 정확히 남길 수 있어서 좋습니다.

일곱째, 중요한 일을 일어난 순서대로 최대한 자세히 세밀화 그리듯이 씁니다. 대화 내용이나 마음속으로 생각한 내용을 적으면 더 실감이 납니다.

여덟째, 일기 제목은 글을 모두 쓴 후 가장 마지막에 적는 게 좋습니다. 자신이 쓴 글을 다시 읽어본 후 제목을 쓰면 내용에 맞는 제목을 쓸 수 있습니다.

일기 쓰기를 권할 때는 이렇게 해 보세요

일기를 왜 쓰냐고 말하는 아이들이 있습니다. 이럴 때는 일기 쓰기의 좋은 점을 대화를 통해 자세히 알려주는 게 좋습니다.

아이: 엄마, 일기는 왜 써요?

엄마: 일기를 쓰는 이유는 많이 있단다.
그중에서도 일기는 나만의 역사로 남게 된다는 것이
가장 큰 장점이라고 생각해.

아이: 역사가 된다는 말이 무슨 뜻인가요?

엄마: 역사가 된다는 것은 후세에 많은 사람에게
의미 있는 일로 남는 것을 말한단다.
예를 들어 옛날 구석기 시대에는
어떤 생활을 했는지 우리가 어떻게 알 수 있을까?

아이: 그때 살았던 사람들의 흔적이 남아 있어서 알 수 있어요.

엄마: 그래 맞아.
(라스코 동굴 벽화의 들소나 사슴 그림을 보여 주며)
이 그림은 구석기 시대에 살던 사람들이 사냥하던 모습을
그림으로 그려 놓아서 지금의 우리가 알 수 있는 거란다.

그림 말고도 우리나라의 역사를 알 수 있는 것에는 무엇이 있을까?

아이: 사람들이 기록한 책 같은 것으로도 알 수 있어요.

엄마: 그런 책들에는 어떤 것이 있는지 아니?

아이: 조선왕조실록, 삼국유사 같은 것이요?

엄마: 맞아. 선조들이 당시의 역사를 기록해놓아서 좋은 점이 무엇일까?

아이: 음… 잘 모르겠어요.

엄마: 우리가 옛날 일을 잘 기억해두면

똑같은 실수를 반복하지 않을 수 있단다.

일기를 쓰면 우리 ○○이 역사가 남게 되고

○○이가 바른길로 갈 수 있게 도와주지.

아이: 그럼 이것 말고 다른 좋은 점은 없어요?

엄마: 음, 생각을 할 수 있게 도와준다는 점!

아이: 저는 항상 생각 하는데요?

엄마: 생각만 하면 바람처럼 날아가 버리지만,

글을 쓰면 내 생각이 한곳으로 모인단다.

나에게 일어났던 일을 다시 떠올리면서 생각이 더 뚜렷해지지.

그리고 당시에는 몰랐던 나의 감정과 생각을

깨닫고 이해하게 되면서 마음이 정리된단다.

나를 이해하면 앞으로 어떻게 살아야 할지 계획을 세우고 다짐을 할 수 있지.

그러다 보면 나는 내 인생의 진짜 주인이 되는 거란다.

조금씩이라도 매일 일기를 써 보자.

이렇게 아이의 눈높이에 맞게 대화하면서 일기 쓰기를 권하면 아이들은 일기 쓰기에 도전할 마음을 먹게 될 것입니다.

일기 쓰기 지도, 이렇게 하지 마세요!
일기 쓰기를 지도할 때에도 유의할 점이 있습니다.

첫째, 짧게 쓴다고 지적하지 않습니다.
둘째, 있었던 일만 쓴다고 해서 생각과 느낌을 쓰라고 강요하지 않습니다.
셋째, 글씨체, 띄어쓰기, 맞춤법을 고치는 데 얽매이지 않습니다.
넷째, 일기 내용을 첨삭, 추가, 삭제하지 않습니다.
다섯째, '나는 오늘'이라고 썼다고 해서 고치려고 하지 않습니다.
여섯째, 아이의 일기 내용에 반성을 강요하지 않습니다.
일곱째, 아이가 어떤 내용을 썼든 놀라지 말고 그 감정을 받아줍니다.
여덟째, 일기를 보여주지 않는 경우 억지로 보려고 하지 않습니다.
아홉째, 무조건 쓰라고 말하지 않습니다. 얼마만큼 쓸 수 있는지 아이와 의논하고 씁니다.

일기는 개인적인 기록입니다. 선생님이나 부모님이 자꾸 지적하면 아이들은 지적받기 싫어서 일기를 안 쓰려고 합니다. 일기 쓰는 것이 즐거우면 아이는 스스로 일기를 쓰기 시작할 것입니다.

✅ 형식에 따른 다양한 일기 쓰기 방법

반복되는 일상을 일기로 써내는 것이 다소 따분할 수 있습니다. 이럴 때는 아이들에게 다양한 형식의 일기를 써 보게 합니다. 일기는 표현 방법과 내용에 따라 그림일기, 만화일기, 동시일기, 관찰일기, 독서일기, 효도일기, 학습일기, 편지일기, 주장일기, 시사일기 등 다양한 형식으로 쓸 수 있습니다.

사실 일기는 누구에게 보이기 위한 글이 아니므로 형식에 얽매일 필요는 없습니다. 봉사하고 나서 일기를 쓰면 효도일기나 봉사일기가 되고, 연극 관람 후 표를 붙이고 감상을 쓰면 감상일기가 됩니다. 여행을 다녀와서 여행지에서 봤던 홍보자료를 붙이거나, 사진을 찍어서 붙여도 됩니다. 이렇게 일기는 자신이 원하는 주제와 방식대로 자유롭게 쓰는 것이 좋습니다. 다양한 일기를 살펴보고 아이가 원하는 일기를 직접 골라서 쓰도록 해 보세요.

❶ 감상일기 : 영화, 공연을 보거나 책을 읽고 감상한 내용 쓰기.
❷ 체험일기 : 박물관이나 전시회를 다녀온 후 감상하고 체험한 내용 쓰기.
❸ 효도일기 : 부모님께 효도를 실천하고 그 내용과 느낀 점 쓰기.
❹ 과학일기 : 새롭게 알게 된 과학 사실, 자연 현상 관찰한 내용 쓰기.

❺ 관찰일기 : 내가 좋아하는 동식물을 단기 또는 장기 관찰한 내용 쓰기.

❻ 그림일기 : 그림을 그리고, 그 장면을 설명하기.

❼ 독서일기 : 책을 읽게 된 동기, 줄거리, 인상 깊은 내용과 이유, 실천할 점 쓰기.

❽ 동시일기 : 글감에 대한 자기 생각과 느낌을 연과 행을 구분하여 쓰고 그림 그리기.

❾ 마인드맵일기 : 마인드맵(생각 지도)을 이용하여 나의 생각을 표현하기.

❿ 만화일기 : 쓰고 싶은 이야기를 두 컷, 네 컷 등으로 구성하고, 그림과 말풍선으로 표현하기.

⓫ 베껴쓰는 일기 : 마음에 와닿은 문장이나 글을 베껴 쓰고 내 생각 쓰기.

⓬ 주장일기 : 어떤 사실에 대한 내 생각과 주장 쓰기.

⓭ 수학일기 : 내가 해결한 수학 문제와 과정 쓰기.

⓮ 시사일기 : TV나 인터넷 뉴스 등에서 본 사건에 대해 적고 그에 대한 내 생각과 느낌 쓰기.

⓯ 신문일기 : 신문에서 관심 있는 내용을 잘라서 공책에 붙인 후 요약하거나 내 생각 쓰기.

⓰ 실험일기 : 실험을 계획하거나 직접 해 보고 탐구 과정과 실험 결과 쓰기.

⓱ 암호일기 : 부모님, 선생님, 친구들에게 숨기고 싶은 비밀이 있다면 나만의 암호로 일기 쓰기.

⓲ 여행일기 : 여행 동기, 준비 과정, 여행하면서 보고 들은 것, 느낀 점 쓰기.

⓳ 영어일기 : 내가 알고 있는 영어 단어 또는 영어 사전을 보고 영어로 일기 쓰기.

❷⓪ 영화일기 : 영화를 보게 된 이유, 줄거리, 기억에 남는 장면과 이유, 느
  낀 점 쓰기.
❷① 요리일기 : 먹고 싶은 요리를 만들어 보고 과정과 결과 쓰기.
❷② 편지일기 : 받는 사람, 인사, 하고 싶은 말, 보낸 사람 등의 편지글 형식
  으로 쓰기.
❷③ 한자일기 : 새롭게 배운 한자, 사자성어와 그에 대한 내 생각 쓰기.
❷④ 학습일기 : 수업 내용 또는 유익한 학습 영상을 시청하고 새롭게 알게
  된 내용과 내 생각 쓰기.

일기의 종류는 이렇게나 다양합니다. 매일 같은 형식으로 일기를 쓰는 것보다 다양한 방식으로 일기를 쓰다 보면 일기 쓰기가 재미있어집니다.

아이의 마음을 더 잘 이해하는 감정 일기 쓰기

　부모가 자녀와 대화를 잘하려면 먼저 아이의 감정을 잘 알아야 합니다. 학교에서 친구들과 잘 지내는 아이들은 친구들의 감정을 잘 파악하고 대화도 잘합니다. 아이가 자신의 다양한 감정을 나타내는 데 익숙하지 않은 경우, 자신의 감정을 나타내는 적절한 단어를 찾지 못해 자신의 감정을 오해할 수 있습니다. 또, 다른 친구들의 감정을 잘 알아차리지 못해서 관계가 깊어지는 데 어려움을 겪습니다. 감정 일기는 자신과 상대방의 감정을 잘 알아차리고 공감하고, 소통하게 해주는 좋은 습관을 갖게 합니다.

　초등학생은 감정 표현이 솔직합니다. 하지만 자신의 감정이 무엇인지, 왜 이런 감정이 생기는 것인지 잘 파악하지 못합니다. 너무도 순식간에 일어나기 때문입니다. 이럴 때 감정 일기를 쓰면 내가 어떤 상황에서 기쁘고, 즐겁고, 우울하고, 화나고, 짜증 나는지 알 수 있습니다. 또한, 감정 일기를 쓰면서 아이 스스로 자신을 위로하고 격려할 수 있습니다.

　현대 사회는 다들 너무 바빠서 서로의 이야기를 충분히 들어주기 어렵습니다. 그때 글로 표현하고 읽는 과정을 통해 나의 마음에 공감하고 이해하면서 마음의 평안함이 옵니다. 일기는 누군가에게 보여주려고 쓰는 것이 아니므로 자신의 감정을 표현할 수 있는 좋은 배출구가 되기도 합니다.

저학년은 자신의 감정을 잘 표현하기 어려우므로 먼저 감정을 주제로 대화한 후에 문장으로 만들어 일기를 써 보게 하면 좋습니다. 대화한 후 스스로 글을 쓰는 아이들도 있지만, 글쓰기에 익숙하지 않은 아이라면 한 문장씩 대화하면서 쓰고, 모르는 글자는 알려줍니다. 한 문장, 한 문장 자기 생각을 글로 완성하면 아이들은 자신감을 얻게 됩니다.

은주쌤의 글쓰기 수업!

감정 일기 쓰기

❶ 다양한 감정을 나타내는 단어를 적어서 카드를 만듭니다.
  ✓ 저학년의 경우 표정 등 그림과 함께 단어가 적힌 카드를 사용하면 좋습니다.
  ✓ 고학년도 감정의 뜻을 풀이한 카드를 사용하면 더 정확하게 자신의 감정을 찾을 수 있습니다.
  ✓ 감정을 표현한 책을 읽고 그중에서 감정을 골라서 쓰는 방법도 있습니다.
    예) 『아홉 살 마음 사전』 등
❷ 감정 카드를 펼쳐 놓고 오늘 하루 느낀 감정에 꼭 맞는 카드를 고르게 합니다.
❸ 날짜와 제목을 쓰고 선택한 감정 단어도 씁니다.
❹ 왜 그런 감정이 들었는지 잠시 생각해 보고, 대화를 나눕니다.
❺ 감정이 생긴 이유를 문장으로 말해 보게 합니다.
  예) 딱지놀이에서 딱지 10개를 따서 기쁘다. 그런데 딴 딱지를 다 잃어서 슬프다.
❻ 나의 감정을 생각하면서 문장을 이어서 글로 씁니다.
  예) 내 딱지 1개로 친구들 딱지 10개를 다 따서 기분이 좋았다. 그런데 ○○이한테 내가 가진 딱지를 다 잃어서 갑자기 너무 슬퍼졌다.

아이: (감정 카드 중 '걱정되다, 아프다, 안심되다, 힘들다, 무섭다'를 고른다)

엄마: 우리 ○○이가 왜 걱정된다는 카드를 골랐을까?

  엄마에게 말해 줄래?

            아이: 어제 발이 아파서 봤더니 염증이 생겼어요.

엄마: 그래, 많이 아팠겠구나.

  그런데도 안심이 된 이유가 궁금한데?

아이: 네, 병원에 가지 않고 아빠께서 소독해 주셨어요.

많이 아팠어요.

엄마: 많이 힘들었구나! 지금도 힘드니?

아이: 소독한 부위가 땅에 닿지 않게 들고 다녀야 해서 힘들었어요.

엄마: 마지막에는 왜 무섭다는 마음이 들었니?

아이: 안 나으면 병원에 가야 한다고 아빠가 겁주셨거든요.

그래도 많이 좋아져서 안심되었지만, 병원에 가야 할까 봐 무서웠어요.

엄마: 아, 우리 ○○이가 오늘 걱정되고, 아프고, 힘들고, 무서웠구나!

그래도 아빠가 소독해 주셔서 마음이 안심되었나 보네.

더 심해지면 병원 가서 치료하면 된단다.

아프지 않게 해 주실 테니까 너무 걱정하지 말렴.

나눈 대화를 바탕으로 아이에게 일기를 써 보게 합니다. 아이가 아직 문장을 만드는 것을 어려워한다면 부모님이 정리해서 문장으로 불러주면서 쓰게 해도 괜찮습니다.

걱정되는 날

나의 감정: 걱정되다, 아프다, 안심되다, 힘들다, 무섭다.
어제 발이 아파서 봤더니 염증이 생겨서 걱정되었다. 다행히 아빠가 발을 소독해 주셔서 안심되었다. 소독한 부위가 땅에 닿지 않게 들고 다녀야 했기 때문에 힘들었다. 그런데 더 아프면 병원에 가야 한다고 해서 너무 무서웠다.

색종이를 활용하여 좀 더 쉽고 재미있게 자신의 감정을 표현하는 방법도 있습니다.

 은주쌤의 글쓰기 수업!

색종이로 내 감정 표현하기
❶ 다양한 색깔의 색종이를 준비합니다.
❷ 여러 가지 색깔 중 오늘 나의 기분과 가장 잘 어울리는 색을 고릅니다.
❸ 내가 고른 색은 무엇인지, 왜 그 색깔을 골랐는지 말해 봅니다.
❹ 내가 고른 색을 보면서 떠오르는 것들을 말해 봅니다.
❺ 지금의 내 마음을 생각하면서 글로 써 봅니다. 색종이에 직접 글을 쓰거나, 색종이에 그림을 그린 다음 글 옆에 오려 붙입니다.

내 마음 주황색

최준호

오늘 내 마음은 주황색이다. 점심시간에 도서관 행사를 참여해서 마음이 동글동글 오렌지처럼 행복해져서 오렌지 주황색이다.

내 마음 빨간색

박담후

오늘 내 마음은 빨간 토마토색, 친구에게 말을 많이 해서 얼굴이 빨간색. 지금은 아주 예쁜 꽃처럼 차분해져서 빨간 장미가 되었다.

내 마음 초록색

공도윤

지금 내 마음은 잎사귀 색 평화로워. 오늘 친구와 싸웠지만 선생님이 잘 해결해 주셔서 기분이 괜찮아졌거든. 지금은 평화로워. 마치 잎사귀가 나무에 매달려 살랑살랑거리는 것처럼. 그리고 오늘 초록색 지우개를 뽑아서 좋거든.

내 마음 보라색

박유나

내 마음 보라색
예쁜 저녁 하늘 풀밭에 누워
소곤소곤 들리는 밤의 소리
귀 끝으로 간질간질 들리는
편안한 숨소리
그리고 스르르 잠에 드네

내 마음 회색

박윤서

지금 내 마음은 회색 구름이다. 하늘이 어두우니 내 마음도 어두워지는 것 같다. 하늘이 밝으면 내 마음도 밝아질 것 같다. 회색은 꼭 먹구름에서 투명한 비가 쫙악 쏟아질 것 같은 느낌이다. 학교 끝나면 달라질지도 모른다. 지금 내 마음이 조금씩 나아지고 있다.

내 마음 황색

최가온

점심밥을 먹고 편안히
가만히 있는 내가
모래알처럼 편안해
하루 종일 가만히 있는
황색 모래 언덕처럼
태평성대 해.

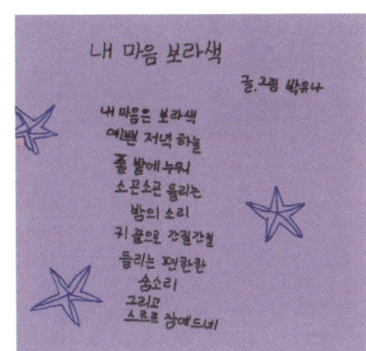 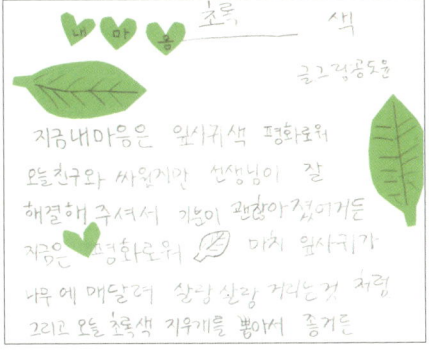

▲ 색종이로 감정 글쓰기 활동 사진

✅ 상상력을 발휘하는 주제 일기 쓰기

날마다 새로운 하루인데, 우리 아이들에게는 똑같이 느껴질 수 있습니다. 그런 날 특별한 일기 주제를 제시해 보면 어떨까요? 재미있는 주제를 제시해주면 아이들은 글쓰기가 정말 재미있다고 생각합니다. 재미있을 뿐만 아니라 창의성과 논리적인 사고력까지 기를 수 있죠.

주제 일기 질문 30가지
❶ 나에게 지금 가장 소중한 것은?
❷ 내가 좋아하는 물건 5개와 그 이유는?
❸ 20년 후 나의 모습을 상상한다면?
❹ 30년 후 나의 자식에게 편지를 쓴다면?
❺ 10분 동안 수건으로 눈을 가리고 활동한 소감은?
❻ 내가 존경하는 사람과 인터뷰를 한다면?
❼ 오늘이 나에게 마지막 날이라면?
❽ 타임머신을 타고 가고 싶은 곳은?
❾ 100년 후 내 무덤 앞에 쓰고 싶은 묘비명은?
❿ 나만의 걱정이나 고민이 있다면?
⓫ 내가 투명 인간이 된다면?
⓬ 나에게 100만 원이 생긴다면?

❸ 알라딘의 마술 램프가 세 가지 소원을 들어준다면 뭐라고 말할까?
❹ 내가 세상에서 가장 슬펐을 때는?
❺ 친구에게 눈물 나게 고마웠을 때는?
❻ 내가 받고 싶은 어린이날 선물은?
❼ 내가 동물과 이야기 할 수 있다면 어떤 동물과 무슨 이야기를 할까?
❽ 우리 반에 칭찬하고 싶은 사람은?
❾ 교실 책상과 의자는 밤에 무슨 생각을 할까?
❿ 점심 급식에서 순금 덩어리가 나왔다면?
⓫ 우리 반에 엘사가 전학을 왔다면?
⓬ 내가 지금까지 꾸었던 꿈 중에 가장 기분이 좋았던 꿈은?
⓭ 지우개로 할 수 있는 놀이 1가지를 설명해 본다면?
⓮ 아무도 없는 무인도에 가져갈 물건 3가지는?
⓯ 거짓말이지만 꼭 하고 싶은 거짓말 3가지는?
⓰ 자고 일어나니 판다가 되었다. 무슨 일이 벌어질까?
⓱ 30년 뒤에 우리 반 친구를 다시 만났다면?
⓲ 일 년 내내 방학이라면?
⓳ 지렁이와 친구가 되는 방법 3가지는?
⓴ 조금 전 남북통일이 되었다는 뉴스가 나왔다. 무슨 일이 일어날까?

 학년 수준에 맞고 아이들의 지적 호기심을 불러일으킬 만한 질문들을 골라서 일기장 맨 앞에 붙여줍니다. 그리고 무슨 내용으로 일기를 쓸지 고민될 때 질문을 보고 쓰고 싶은 내용을 골라서 쓰라고 합니다. 주제 일기 쓰기는 최대한 솔직하고 재미있게 써 보게 합니다.

은주쌤의 글쓰기 교육 TIP

국어사전은 언제부터 보면 되나요?

 국어사전은 낱말의 기본형을 알아야 활용할 수 있어서, 아이 혼자서 찾기가 쉽지 않습니다. 국어사전 찾기는 초등학교 3학년 1학기 국어 '반갑다 국어사전' 단원에서 배웁니다. 국어사전을 접하기 전인 유치원, 초등학교 1~2학년 때에는 『생각하는 ㄱㄴㄷ』같이 한글을 익힐 수 있는 글자 그림책을 읽으면 국어사전에 친근감을 느끼게 하는 데 도움이 됩니다.

 국어사전은 아이가 글을 읽기 시작할 때부터 집에 한 권 정도 갖추어 두면 좋습니다. 글을 읽을 때 잘 모르는 낱말이나 문장이 나오면 그냥 넘어가지 말고 국어사전을 찾아보는 습관을 들이면 어휘력을 향상시킬 수 있습니다. 또는 책 속에 나오는 어려운 낱말들을 메모해 두었다가 모아서 '국어사전 찾기 게임'을 하면 재미있어합니다.

 아이들이 잘 쓸 수 있는 국어사전으로는 『보리 국어사전』, 『동아 연세 초등 국어사전』 등이 있습니다.

 ※ 국어사전 활용법

 ✓ 자음자, 모음자 순서를 알려 주세요.

 ✓ 국어사전 찾기 게임을 하면서 국어사전을 친근하게 만들어 주세요.

 ✓ 가로세로 퀴즈를 만들면서 낱말 찾기 경험을 시켜주세요.

✓ 아이가 읽은 책으로 나만의 국어사전을 만들어 보세요.

✓ 찾은 단어를 활용해 짧은 글짓기를 하며 문장력을 길러 주세요.

자음자 순서

ㄱ	ㄲ	ㄴ	ㄷ	ㄸ	ㄹ	ㅁ
ㅂ	ㅃ	ㅅ	ㅆ	ㅇ	ㅈ	ㅉ
ㅊ	ㅋ	ㅌ	ㅍ	ㅎ		

모음자 순서

ㅏ	ㅐ	ㅑ	ㅒ	ㅓ	ㅔ	ㅕ
ㅖ	ㅗ	ㅘ	ㅙ	ㅚ	ㅛ	ㅜ
ㅝ	ㅞ	ㅟ	ㅠ	ㅡ	ㅢ	ㅣ

Epilogue

"선생님, 365일 매일 학교 나오고 싶어요."

지난 1월 종업식 날. 2시간만 지나면 아이들은 새로운 시작을 준비하러 떠나려던 참이었습니다. 그런데 마지막 날 아침에도 아이들이 앞을 다투어 책을 읽고 독서 기록 카드를 제출하는 것이었습니다. 전날 알림장에도 안 적어 주었는데 당연히 독서 기록 카드를 제출하는 아이들을 보고 '습관이 이렇게 무섭구나'라는 생각을 했습니다. 감동한 저는 "너희들의 장래가 정말 기대된다."라며 칭찬을 아끼지 않았죠. 이 친구들이 저와 헤어지면서 "선생님과 함께라면 365일 매일 학교 나오고 싶어요."라고 말하며 칠판에 적고 가더라고요. 아이들과 삶을 재미있게 가꾸고 글을 쓴 보람으로 뭉클해졌습니다.

일 년 동안 삶을 글로 써낸 저희 반 아이들은 글쓰기가 참 재미있고, 쉬워졌다고 말합니다. 어떤 친구는 자기 속에 무엇이 있는지 몰랐는데 글쓰기로 '보물'을 찾았다고 할 정도입니다. 글쓰기가 재미있는 아이들은 공부도 즐겁게 합니다. 아이들이 쓴 글을 모아 책을 출간하면서 올해 '아이들 농사' 참 잘했다는 생각을 합니다. 일 년 동안 아이들이 글을 쓰는 작가로 성장하는 것을 지켜보면서, 행복한 한 해를 보냈습니다.

자녀는 부모에게 가장 큰 선물입니다. 자식 농사를 잘 지으면 노년에도 마음과 몸이 편합니다. 교사도 마찬가지입니다. 초등학교 교사는 아이들의 어린 시절부터 함께 하지는 않았지만, 성장기의 가장 중요한 시기에 아이들을 만납니다. 아이들이 잘되기 바라는 마음으로 하는 말의 씨앗이 아이들 마음 밭에 뿌려져 싹이 나고 조금씩 자라는 모습들이 보입니다. 이때가 가장 행복할 때입니다.

교사는 유일하게 아이들 영혼의 변화와 성장에 영향을 줄 수 있도록 합법적인 허락을 받은 직업입니다. 아이들이 이 모양, 저 모양으로 달라진 모습을 보면 그게 기쁨입니다. 아이들도 그렇습니다. 스스로 성장하기로 마음먹고 부지런히 책을 읽고 글을 쓰는 아이들은 스스로 뿌듯합니다. 한 번 습관이 들면 누가 시키지 않아도 저절로 하게 되어 있습니다.

글쓰기에 관한 책을 쓰면서 놀란 것이 세 가지가 있습니다. 첫째는 글쓰기에 관한 책이 너무 많이 나와서, 둘째는 글쓰기 방법이 내가 아는 내용과 너무 비슷해서, 셋째는 글쓰기 실천 방법이 너무 쉽다는 것이었습니다. 중요한 사실은 글쓰기 실력은 실천한 자만이 갖게 되는 보물이라는 것입니다.

"작가란 오늘 아침에 글을 쓴 사람이다."라는 로버타 진 브라이어트의 말처럼 매일 꾸준히 글을 쓰는 아이들이 되기를 바랍니다. 세상에 글쓰기에 관한 책이 많지만, 우리 아이가 자신의 삶을 가꾸는 데 이 책이 귀하게 쓰이길 바랍니다.

끝으로 귀한 글로 책을 함께 만들어준 이 책의 주인공인 사랑하는 제자들과, 같은 마음으로 응원해주신 학부모님들, 저에게 좋은 의견을 아끼지 않은 동학년 선생님들께 감사드립니다. 무엇보다 이 책이 많은 사람에게 잘 전달될 수 있도록 방향을 잘 잡아 편집해주신 박소정 편집자님과 시대인 출판사에도 감사의 말씀을 전합니다.

글쓰기를 사랑하는 박은주 선생님이

32년 차 현직 교사의 문해력과 창의력 키우는 글쓰기 비법
10분 완성 초등 글쓰기

초 판 발 행	2024년 03월 20일
발 행 인	박영일
책 임 편 집	이해욱
저 자	박은주
편 집 진 행	박소정
표 지 디 자 인	박서희
편 집 디 자 인	김지현
발 행 처	시대인
공 급 처	(주)시대고시기획
출 판 등 록	제 10-1521호
주 소	서울시 마포구 큰우물로 75 [도화동 538 성지 B/D] 6F
전 화	1600-3600
홈 페 이 지	www.sdedu.co.kr
I S B N	979-11-383-6688-5
정 가	16,000원

※이 책은 저작권법에 의해 보호를 받는 저작물이므로, 동영상 제작 및 무단전재와 복제, 상업적 이용을 금합니다.
※이 책의 전부 또는 일부 내용을 이용하려면 반드시 저작권자와 (주)시대고시기획·시대인의 동의를 받아야 합니다.
※잘못된 책은 구입하신 서점에서 바꾸어 드립니다.

시대인은 종합교육그룹 (주)시대고시기획·시대교육의 단행본 브랜드입니다.